片づけを楽しむ、好きになる。

整理収納アドバイザー1級
親子二人の
毎日が笑顔になる
暮らしの秘密。

清水幸子
清水麻帆

Gakken

はじめに

はじめまして。整理収納アドバイザーの清水幸子です。私が今住んでいるのは、海が一望できる55・5㎡2LDKのマンション。ここに、中学2年生になる娘の麻帆と、夫の3人で暮らしています。立地を優先したため、以前住んでいたマンションよりもずいぶん狭くなりましたが、私たちにとってはこれまで住んできたどの家よりも、一番居心地のよい家です。狭くても心地よく暮らせるのは、自分たちにとって本当に必要なモノだけに囲まれ、常にスッキリと片づいているから。

本書では、ありのままの我が家を公開し、空間を最大限に活かした収納ノウハウをご紹介しています。本書を手に取ってくれたみなさまが、片づかない悩みから解放され、素敵な毎日を送ることができますように……。

整理収納アドバイザー
清水　幸子

はじめまして。娘の清水麻帆です。小学6年生のときに、母と同じ整理収納アドバイザー1級の資格を最年少で取得しました。現在は、中学校に通いながら、週末は母と一緒に整理収納アドバイザーとして、お客様のお宅へ伺い、収納アドバイスをさせていただいています。

私は母の影響で、小さな頃から片づけをするのが当たり前に育ってきました。片づけやすい収納のしくみも、自然と身についていたように思います。しかし、友人の話などを聞くと、「そもそも片づけ方がわからない」という子がとても多いことに驚きます。収納のしくみさえできていれば、日々の片づけはとても簡単で、毎日気持ちよく生活できるのに……。本書を通して、多くの人にそんな片づけの楽しさを知ってもらえたらうれしいです。

整理収納アドバイザー

清水　麻帆

目次

はじめに……2

Chapter 1
「幸子と麻帆」の整理収納ポリシー……7

片づけの楽しさを知る……8
心の整理整頓、できていますか？……10
時間と心のゆとりは家の余白から……11
いつかは来ません！……12
まずは全部出してみる……13
清水家流「整理収納の手順」……14
捨てるのではなく手放す……16
タダのモノほどよく溜まる……17
モノと記憶を分ける……18
家族共有のモノはみんながわかる場所に……19
自分の時間が増えるラベルの魔法……20
清水家愛用整理グッズ……21
キレイをずっとキープする〝ナンバリング〟……22
一人ひとりのテーマカラーを決める……23
いろいろな使い方ができる収納グッズ……24
清水家愛用収納グッズ……25
収納は増やさずありのままを活かす……26
目的を決めれば収納場所が見えてくる……27
店のディスプレイはアイデアの宝庫……28
ＤＩＹで心地よい住まいを手づくりする……29
リビングは第２のオフィス……30
家にも遊び心が必要……31
掃除が苦手な人こそ片づけやすいしくみを……32
子どもは５分以内に片づけられる、を目指す……33
大掃除の代わりに曜日を意識したプチ掃除を……34
毎日片づけられなくても大丈夫……35
過去や未来よりも今が大事……36
実現したい夢を１００個書き出す……37
清水家の間取り……38

Chapter 2

家族に優しい収納テクニック……39

Closet［押入れ］……40
清水家のメイン収納をＣＨＥＣＫ！……42
ゴムバンドで簡単在庫管理……44
メラミンスポンジでプチストレスを解消！……45
病院グッズはすぐに取り出せる工夫を……46
一時保管ボックスで進行中の作業を効率化……47
着た洋服の一時置き場は 衣類収納の近くにセット……48
キャスターつきケースなら片づけが格段にラクに……49
シーズンオフの布団は立てて収納……50
プラスチックダンボールで見た目もスッキリ……51
朝ゆっくり過ごすためのラベル管理法……52

Kitchen［キッチン］……53
観音扉の裏が収納スペースに変身……54
ファイルボックスは食器収納にピッタリ……55
使いやすさ抜群の取っ手つきケース……56
カトラリーの仕切りは１００円グッズを愛用……57
収納スペースの穴場を見逃さない……58
バスケット収納にはプラ板タグが便利……59
ゴミ箱を収納ボックスにすれば統一感がアップ！……60
ゴミ袋は１枚ずつ引き出せると便利！……61
調味料はフタにラベルを貼る……62
つっぱり棒でデッドスペースを有効活用……63
清水家の冷蔵庫収納テクニック……64

Kid's room［キッズルーム］……66
変幻自在の収納棚……67
大分類→小分類と仕分ければ使いやすい！……68
小物類の収納にはシリコンカップが大活躍！……69
勉強道具はファイルボックスで〝見える化〟……70
学習デスクの上に置くのは時計だけ……71
組み立て式のパソコンスタンドが優秀！……72
学校グッズはつっぱり棒で１ヶ所に集約……73

Washroom［洗面所］……74
水まわりの基本は浮かせる収納……75
つっぱり棒３本でデッドスペースを有効利用……76
Ｓ字フック×リングが大活躍……77
ゴミ箱を浮かせる１００均アイデア……78
洗面台下は１ジャンル１ボックス収納……79

フックでコードがスッキリ……80
工具箱のフタ裏も立派な収納スペース……81
Entrance［玄関］……82
シューズホルダーでデッドスペースを有効利用……83
マスクケースは玄関扉に設置……84
缶ストッカーが玄関で大活躍！……85
超強力マグネットで印鑑をピタッ！……86

Chapter 3
プチプラグッズでできる！
お悩み別
アイデア収納……87

Case 01 テレビ裏の配線のからまりをどうにかしたい！……88
Case 02 ヘアピンをなくさないための収納法を教えて！……90
Case 03 ネット通販のダンボールの山がとにかく邪魔！……92
Case 04 洋服をキレイにたたんでも、出し入れの間に崩れてしまう……94
Case 05 ハンガーラックがいっぱいで使いにくい！……98
Case 06 ケースの中をスッキリさせたい！……100
Case 07 溜まってしまう書類を見やすく収納する方法は？……104
Case 08 子どものおもちゃが片づかない！……106
Case 09 玄関にあふれている外遊びグッズをどうにかしたい……108
Case 10 ぬいぐるみや人形の置き場所に悩んでしまう……110
お悩み別収納テクニック……112
Cross Talk 史上最年少で整理収納アドバイザーになりました……118
片づけ上手な子どもを育てる何でもQ&A……122
おわりに……126

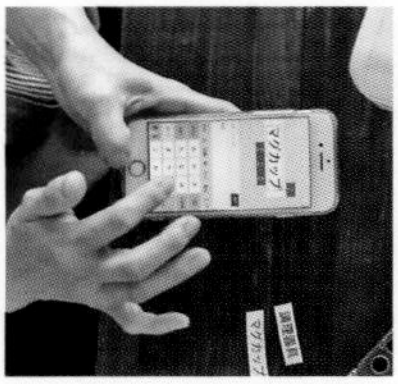

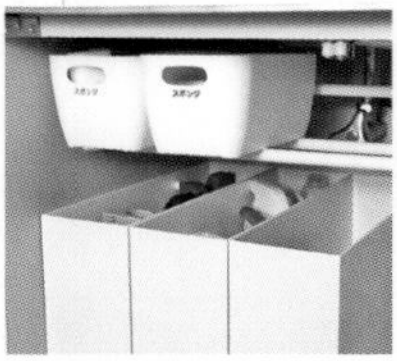

Chapter 1

「幸子と麻帆」の整理収納ポリシー

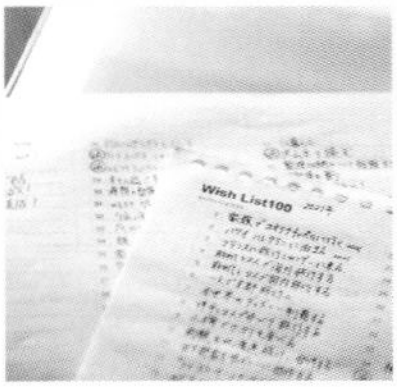

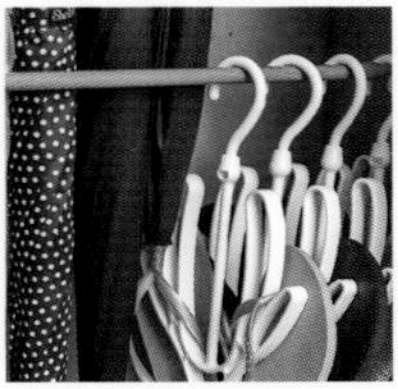

片づけの楽しさを知る

幸子　片づけが苦手な人は、「片づけをするのはとても大変で憂鬱なこと」というイメージを根強く持っていることが多いように思います。しかし、**一度片づくしくみさえつくってしまえば、日々の「掃除をしなきゃ」「片づけなきゃ」というストレスから解放される**ことになるので、実はとてもラクでよいことずくめなんです。それに、「マスクはリビングよりも玄関にあるほうが忘れなくていいよね」など、使いやすい収納法を家族で話し合うようにすると、それが結果として家族団らんを盛り上げるコミュニケーションになったりもするんです。

麻帆　私は、母と１００円ショップを巡って、新しい収納法を考えたりする時間が楽しいし、みんなで整理収納をしている時間も楽しいです！

幸子　お母さんがなんでも一人でやろうとせずに、ぜひ家族全員を巻き込んでひとつの「イベントや祭り」と思ってやれば、格段に楽しくなりますよ。

YUUKI
Bottoms
Shirts
Pajamas
KOUKI
Bottoms
Shirts
Pajamas

心の整理整頓、できていますか？

幸子　気持ちが沈んでいたり、考えがまとまらないときは家も散らかっていることが多い気がします。逆に家が片づいていると、気持ちも不思議とスッキリしたりしませんか？**「○○はあったっけ？」「どこにあったっけ？」とモノを捜したり、使ったモノを「どこに戻そう」と考えている時間は、実は一日の中で結構な割合を占めていて、知らず知らずのうちにストレスが溜まっている**ものです。そんな時間を整理収納という技術を使って減らせたら、時間の余裕ができて、心も整ってくると思うのです。

時間と心のゆとりは家の余白から

麻帆　私や母が実践しているのは、収納スペースに対してモノを7～8割程度にする「余白収納」です。私も自分の部屋の収納は、収納スペースに対して2～3割の余白をつくるように心がけています。

幸子　家の余白は、同時に気持ちや時間の余白、つまり余裕を持つということにもつながります。モノを整理することは頭の整理をすることになるし、空間を整理して片づけることによってムダな動きがなくなり、体力にも余裕が出る。さらに余計なモノを買わなくなれば、お金にも余裕が出てくるはずです。

麻帆　**余白を意識すると、あってもなくても困らないモノが自然と減って本当に大好きなモノだけに囲まれた暮らしができる**ので、どんどん居心地がよくなるんです。我が家は狭いですけど、家族全員がくつろげる空間になっているので、時間と心のゆとりにつながっていると思います。

いつかは来ません！

幸子 私がいつもお客様にお伝えしている「いつかは来ません！」の「いつか」には「いつか使うかも」「いつかやろう」という、２つの意味があります。

麻帆 **たいてい「いつか」は来ないんですよね。特に、１年以上使っていないモノの「いつか使うかも」のいつかは来ません！**

幸子 整理収納をしたほうがいいとわかっていても「いつかやろう」と思ってなかなかはかどらないのは、重要度は高いけれど緊急度が低く、後まわしになっているからです。しかし、一度やってしまえば、「いつかやろう」「いつかやらなきゃ」から解放されて、空間も気持ちもスッキリするので、ぜひ早くとりかかってほしいと思います。

麻帆 私の場合、学校に早めに行ってロッカーの整理をすることを毎朝のルーティンにしています。復習がてらプリントの整理をしたりすると、勉強にもなるし、１日のやる気スイッチが入るのでおすすめですよ。

まずは全部出してみる

幸子　整理収納をするときにぜひやってほしいのが、モノを全部出すことです。久しぶりに全部出してみると、存在を忘れていたモノが出てきたり、今の自分に必要のないモノがたくさん出てきてビックリすることも……。自分はいらないけれど、まだまだ使えるモノがあれば、リサイクルに出しましょう。**押入れの奥にしまっているより、使ってくれる人のもとにあるほうがモノも活きる**というもの。我が家も最近押入れのモノを全部出したら、なんとゴミ袋3袋分のモノが減りました。全部出したついでに掃除もしたら、ものすご〜く気持ちもスッキリしました！

清水家流「整理収納の手順」

1 全部出す

整理整頓をする上で一番重要なのはモノを全部出すこと。家中を一度にやろうと思うと心が折れてしまうので、まずは文房具だけといったように、小さいスペースで区切ってモノ別に出してみましょう。

↓

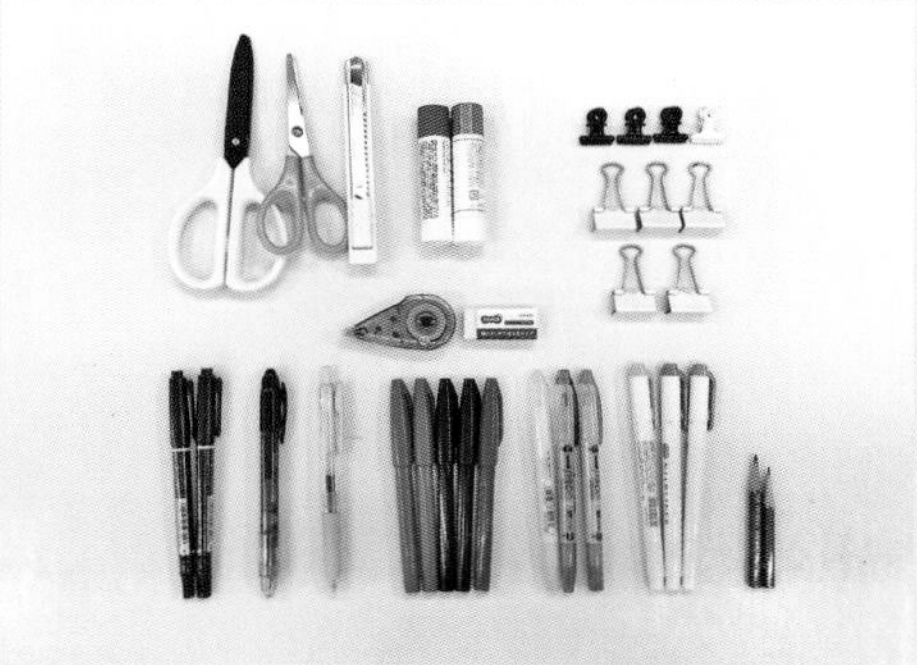

2 分ける

全部出したら、「ペン」「ハサミ」「クリップ」といったように、カテゴリーごとに分けていきます。こうすることで、何がいくつあるかがひと目でわかるようになります。

1～**3**までが整理、
4と**5**が収納です。

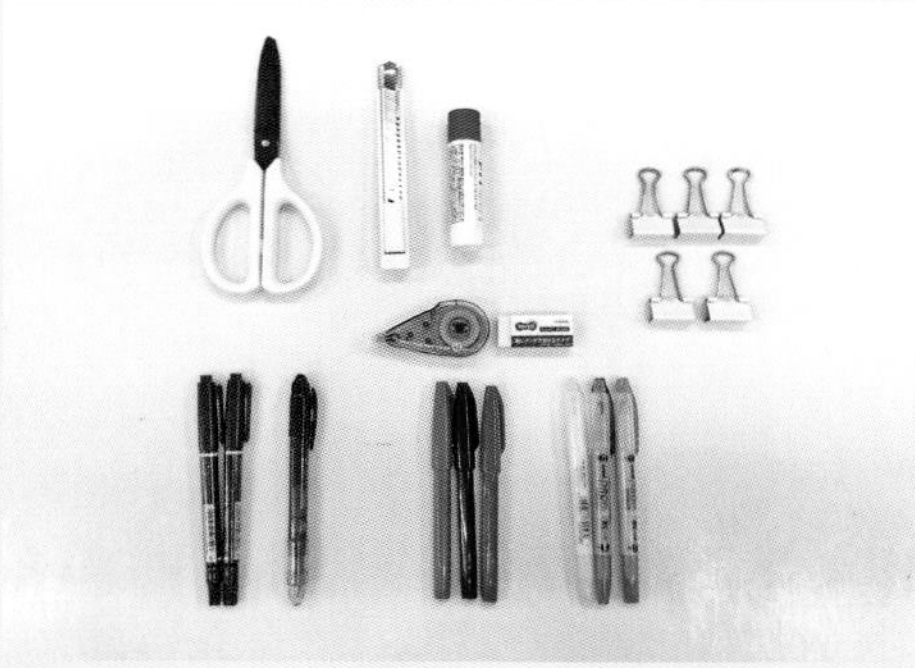

3 選ぶ

カテゴリーごとに分けることができたら、必要なモノだけを選びましょう。必要のないモノは、知人にゆずったり、リサイクルに出したり、売ったりと、そのモノが一番活きる手放し方を考えましょう。

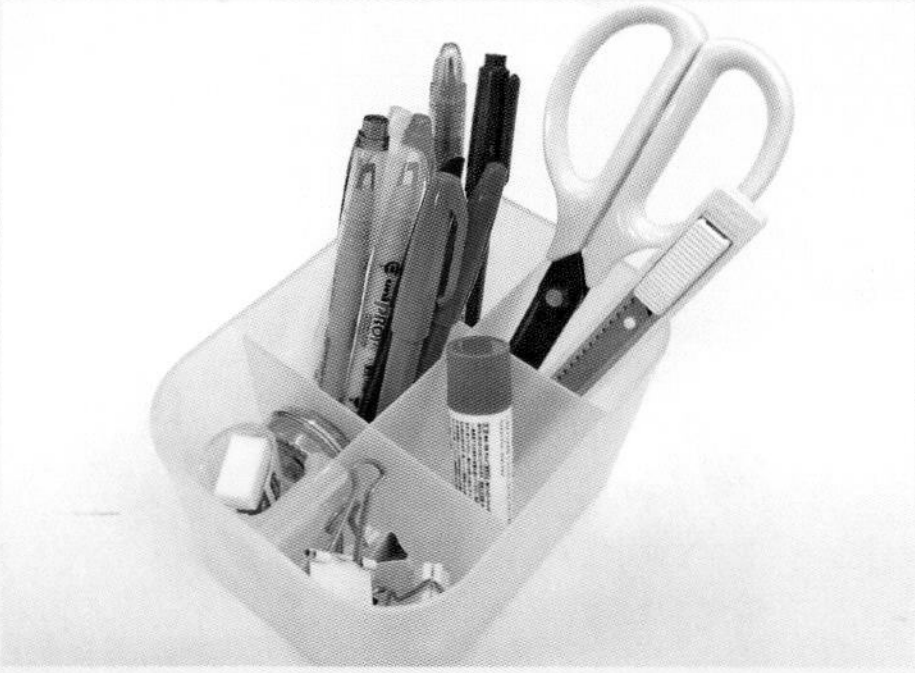

4 収める

使いやすい場所や収納方法のしくみを考えながら、モノを収納スペースに戻していきます。使いやすさを考えて余白を残すのがポイント。収納場所が確定するまでは、仮ラベルを貼っておきます。

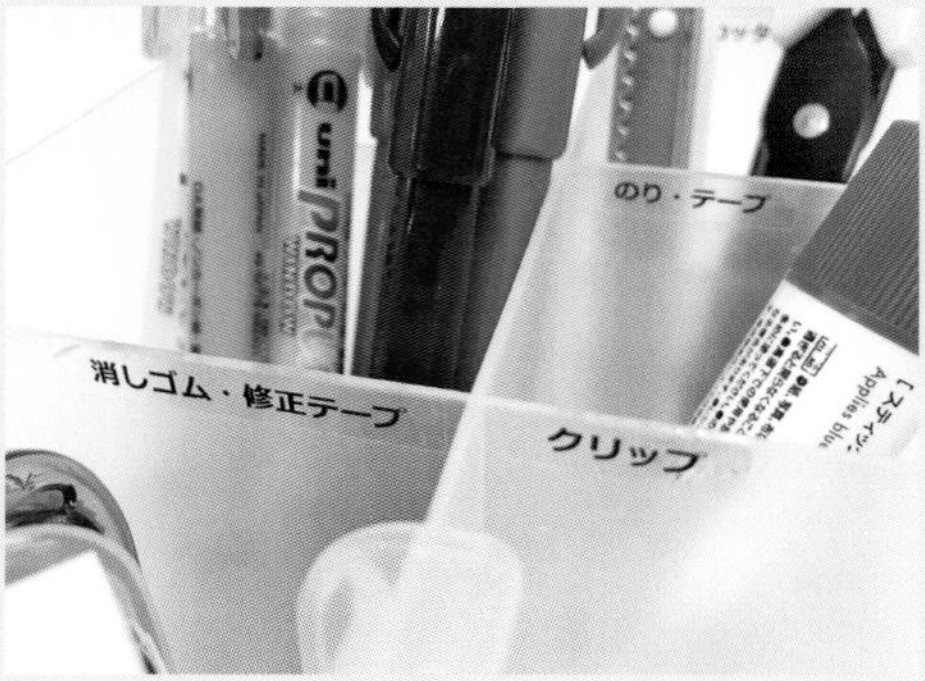

5 ラベルをつける

収納場所が決まって、上手にモノを収めることができたら、ラベルを貼って完成です。モノが片づいて心もスッキリ爽快！　達成感もひとしおです。

捨てるのではなく手放す

麻帆　私たちは「捨てる」という言葉は使わず、「手放す」という言葉を使っています。「手放す」には、単純に処分するだけではなくて、友人や親戚にゆずったり、売ったり、リサイクルに出したりなどが含まれるからです。

幸子　モノを捨てようと思うと、そのモノへの罪悪感や、もったいない、という思いが出てきて「まだ持っていてもいいかな」という気持ちになってしまいがちです。**本当に必要としてくれる人の手元に行くのだと思うと、前向きに手放す気持ちになれる**ので、整理収納をするのが楽しくなるし、断然はかどるようになりますよ。

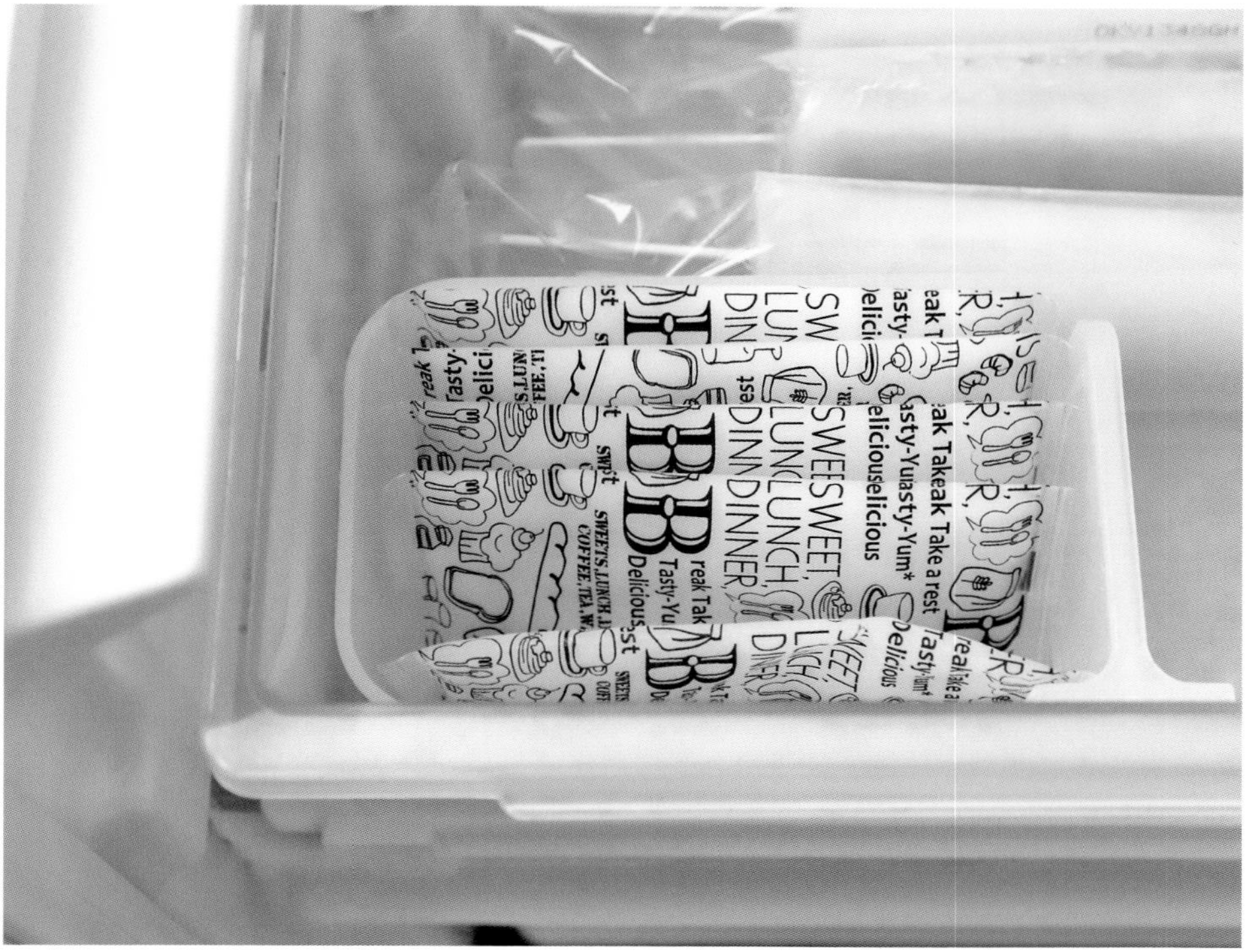

タダのモノほどよく溜まる

幸子 **身のまわりが散らかりがちな人は、入り口の管理を意識してみましょう。**特にコンビニのおはしや、街で配っているポケットティッシュ、保冷材などタダでもらえるモノ。こういう溜まりやすいモノこそ自分にとって必要な数をあらかじめ決めておいて、それを守っていくことが大切です。

麻帆 我が家では、**タダのモノにはあえて頼らずに、写真の保冷剤のようにおしゃれな見た目のモノをお金を払って買う**ようにしています。そのほうが「ひとつひとつのモノに愛着が湧いて大切に使うようになる」というのが母からの教えです（笑）。

子どもの作品は、持ち帰ってすぐの、ベストな状態で撮影して保管するのがおすすめ。

エコー写真はカラーコピーをしてからアルバムへ。劣化するのを防いでいる。

モノと記憶を分ける

幸子　「〇〇からもらった」「〇〇のときの手紙」など、**モノに記憶をのせてしまうとなかなか手放せなくなってしまいがち**です。

麻帆　ついこの間も私の従姉妹がなかなか手放せない文房具があって、「何で必要なの？」と聞いたら「麻帆ちゃんからもらったモノだから」って言うんです。私はすっかり忘れていたのに！

幸子　案外そういうことって多いですよね。もうひとつ、なかなか手放せないのが子どもの作品。私は娘と作品を一緒に撮って、写真に残しています。作品自体は飾っておきつつ、時期が来たら手放しています。

家族共有のモノはみんながわかる場所に

麻帆　ハサミやペンなどの文房具は、家の中でも一人ひとり別々に持っていることが多いと思います。でも、我が家では母が収納場所を決めていて、家族みんなで使っています。ハサミの場合、私は学校用にひとつ自分のモノを持っているだけで、家にはありません。

幸子　文房具などの**家族共有で使うモノは、みんながわかる場所に取り出しやすく収納しておくのがコツ。**これだけで「○○が見つからないから買い足そう」ということがなくなり、ムダに増えるのを防ぐことができます。一度家中の文房具を集めて、いくつあるか調べてみると、お部屋がスッキリしますよ。

自分の時間が増える
ラベルの魔法

幸子　私の場合、娘がまだ小さいときに体調を崩して、自分自身が倒れたのが「ラベルを貼る」きっかけでした。当時も整理整頓はしていたのですが、見た目重視でラベルは貼っておらず、自分だけが何がどこにあるかわかっている状態。夫はどこに何があるかほとんど把握できていなかったので、「これではよくない」と思って、家中のモノにラベルを貼りました。

ラベルを貼れば、誰でも使いたいモノがすぐ取り出せて、元に戻せます。結果として、家の中が散らかりにくくなり、私の負担も減ったのです。ラベルはお母さんがラクになる一番の収納法だと思っています。

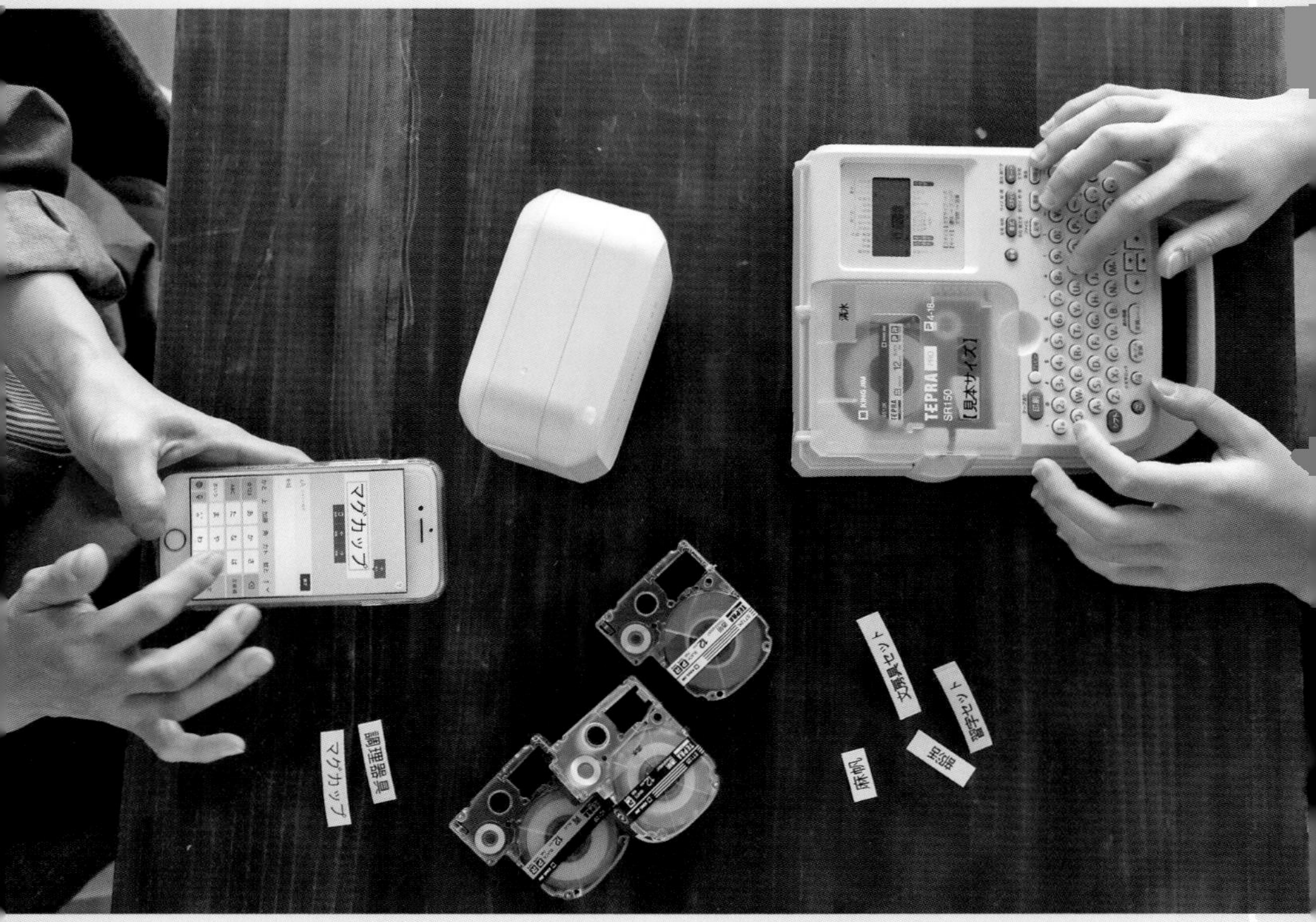

清水家愛用整理グッズ

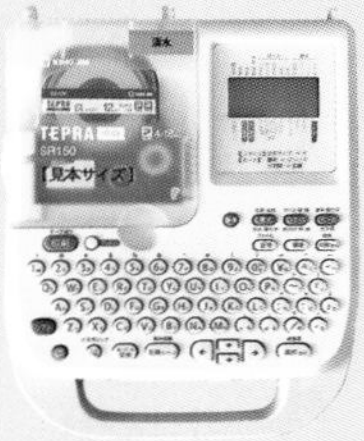

ラベルプリンター

最終的な収納場所が決まったら、ラベルを貼ってモノの定位置を確定。私たちの整理収納にとって欠かせないモノのひとつです。

ダブルクリップ

ラベルが貼りにくい仕切りなどにラベルをつけたい場合に重宝するアイテム。我が家では冷凍庫(P65参照)などで使用。

マスキングテープ

仮ラベルとして貼ったり、家族で色分けしたいときに使います。マスキングテープを貼った上から透明なラベルを貼って使うことも(P43参照)。

はがせる
ラベルシール

モノを整理する際、分類後の仮ラベルとしてよく使います。書類整理など、何度もラベルを貼り替える場合も、こちらがおすすめです(P105参照)。

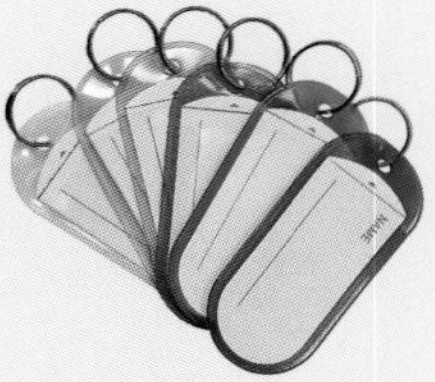

ネームタグ

ラベルが貼りにくいポーチや袋などには、ネームタグを使うことも。カラフルな色が販売されているので、家族で色分けをするときにも便利です。

5番と10番が入れ替わった状態。ナンバリングをすれば、戻し間違いにすぐ気づくことができます。

1～12まで番号が順番に並んでいるのが、収納ケースの正しい定位置。

キレイをずっとキープする "ナンバリング"

幸子　収納する場所にラベルを貼るのは基本ですが、同じようなケースが並んでいると間違えて戻してしまい、いつの間にか場所が変わっているということがあります。

麻帆　ナンバリングがあると、すごく便利！**ラベルに加えてナンバリングをすると、モノの定位置がしっかり決まって格段にしまいやすくなります。**外出先の母から電話で「11番の○○の書類の写真を送って」と頼まれたりすることもありますが、そういうときにもとても役に立ちます。

幸子　我が家で使っている数字やアルファベットのシールは、100円ショップで購入しています。

一人ひとりのテーマカラーを決める

麻帆 ひとつの収納スペースに家族全員のモノをしまう場合は、一人ひとりのテーマカラーを決めて色分けするのがおすすめです。

幸子 我が家ではハンガーラックがひとつなので、手づくりのハンガー色チップをつくっています（つくり方はＰ98参照）。

麻帆 **色で分けると子どもにもわかりやすく、子ども向けの収納方法にもピッタリ**です。

幸子 アイテム自体を色分けするという方法もあります。私と娘の場合、どちらのモノかわからなくなりがちなキャミソールなどは、なるべく私は黒、娘は白のように、持つ色を分けて区別しやすくしています。

いろいろな使い方ができる収納グッズ

幸子　収納用品は、定番商品を選ぶのがコツ。無印良品や１００円ショップのロングセラーを使えば、同じモノを買い足すことができます。引っ越しをすると収納を変える必要がありますが、定番商品なら新しい収納場所に合わせて買い直したり買い足したりできるのも利点です。

麻帆　収納を見直して使わなくなっても別の用途で使うことができる、汎用性の高いアイテムを選ぶのもポイントです。例えばブックエンドは、仕切りとして使っていても、使わなくなったら本来のブックエンドとして使うこともできるし、組み合わせて棚にもできる。いろいろな使い方ができるのでムダになりません。

清水家愛用収納グッズ

つっぱり棒

吊り下げ収納以外にも、2～3本のつっぱり棒を組み合わせて棚をつくったり（P76参照）と、さまざまなことに使えます。

©2021平安伸銅工業株式会社

縦に取りつけるおしゃれなつっぱり棒は、平安伸銅工業の「DRAW A LINE」（ドローアライン）。ライトをつけたり、フックや棚をつけたりと、自由にカスタマイズできます。

超強力マグネット

ペンや印鑑など、すぐに取り出せるようにしておきたいモノは、収納ケースの中などにはしまわず、超強力マグネットをつけて使う場所の近くに設置（P86参照）すると、使いやすくて便利です。

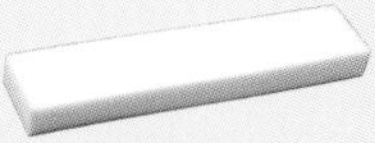

メラミンスポンジ

引き出しに対して中のモノが少ないと、出し入れしたときにモノがずれてガタガタに。メラミンスポンジで隙間を埋めるだけで、こうした悩みが解消できます（P45参照）。

プラスチックダンボール

中が透けて見える衣装ケースの目隠し(P51 参照)や、ゴミ袋収納の芯(P61 参照)としても使えます。我が家では「プラダン」と呼んで、よく使っています。

はがきケース

100円ショップで購入できるはがきケースは、文具の他、薬、充電器や電源ケーブル、キッチン小物、カードゲームなど細々としたモノの収納にとても便利！

ブックエンド

我が家の至る所で愛用しているブックエンドは、ブックエンドとして使う他、収納ケースの仕切りとしても大活躍。複数を組み合わせて使うことが多いです（P100～103参照）。

収納は増やさずありのままを活かす

幸子　我が家は数年前に今の家に引っ越しました。広さよりも立地や雰囲気などを優先した結果、以前の家より今の家のほうが狭くなりました。しかし、収納場所も狭くなったことで、本当に必要なモノが明確になり、結果として今のほうが居心地がよく、使い勝手のよい空間になっています。収納スペースが少ないと棚などを新しく買って収納スペースを増やそうとしがちですが、そうすると居住空間を圧迫してしまうので、モノの整理をおこなって、**今ある備えつけの収納を最大限に活かしたほうが効率的**です。

麻帆　押入れの上の空間や引き出しの奥など、デッドスペースを有効活用したり、キッチンの観音扉裏に収納をつくったり、アイデア次第で収納場所を増やすこともできます。「どうやって使いやすい空間を増やそうかな？」と考えるのも楽しいです！

\\ 収納 Point //

隙間を活かす

高さ＆奥行きを活かす

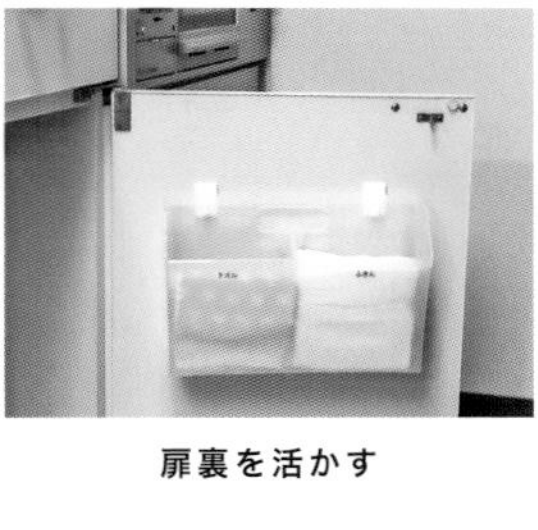
扉裏を活かす

目的を決めれば収納場所が見えてくる

幸子　我が家の整理収納の目的は、家事時間を減らしてくつろげる時間を増やすこと。そして、誰でも簡単に片づけられる、家族に優しい家をつくることです。その結果、今のラベル収納や浮かす収納に辿り着きました。

麻帆　**引き出しの中にとりあえずモノを詰め込んでしまい、実は中はぐちゃぐちゃなんてことになっていませんか？**　目的がなく、ただ見た目をスッキリさせるためだけに片づけるとこうなりがちです。これでは使い勝手も悪く、片づけの意味がうすれてしまいます。まずは**整理をする前に、目的をはっきりさせることが肝心**です。

店のディスプレイはアイデアの宝庫

麻帆　収納方法を考えるときは、まずインターネットで専用の収納用品を見て、100円ショップで応用できないかなと考えることが多いです。専用商品は値段が高かったり、それにしか使えないのであまり買いません。それより、**自分で工夫をして応用するほうが値段も安く済むし、何より楽しい！**

幸子　お店のディスプレイを参考にすることもあります。例えば写真のビーチサンダルは、お店の陳列からヒントを得て、シューズハンガーで吊り下げ収納にしました。

麻帆　お店のディスプレイはおしゃれで実用性もあるので、とても参考になります。

DIYで心地よい住まいを手づくりする

幸子 我が家のマンションは築40年以上。こまめに片づけや掃除をしていても、古さが目立ってしまう部分もあります。そこで、気になるところはそのままにせず、自分たちの居心地がよくなるようカスタマイズしています。DIYは主に夫の担当です。

麻帆 ついこの間も、キッチンとリビングに仕切りをつくって飾り棚を取りつけ、家族全員でリビングの壁を緑に塗り替えました。

幸子 **あーでもない、こーでもないと言いながらDIYをする作業は、家族の楽しいイベントになりますし、そうしてつくり上げた家は愛着が湧いて、ますます愛おしくなります。**

リビングは第2のオフィス

幸子　昨年から私が家で仕事をすることが増え、私の仕事場としてリビングを使用することが多くなりました。とはいえ、リビングは家族でくつろぐ場所でもあるので、なるべく仕事のモノを置きたくありません。そこで、**キャスターつきのワゴンに仕事道具をまとめ、必要なときだけリビングに持ってくる**ようにしています。

麻帆　父が手づくりしてくれた机は、母の仕事机になったり、食事をするときのダイニングテーブルにもなっています。

幸子　仕事部屋がないという方に、「リビングの第2のオフィス化」はおすすめですよ。

家にも遊び心が必要

麻帆　片づけをしていると減らすことばかり考えがちですが、殺風景すぎる部屋はちょっとさびしく感じます。我が家では玄関とリビングに海をイメージした小物を飾り、自分たちらしくしています。

幸子　疲れたときにふと目に入ると心が癒されたり、遊び心って大切ですよね。小さなスペースですが、私たちにとっては大切な場所になっています。

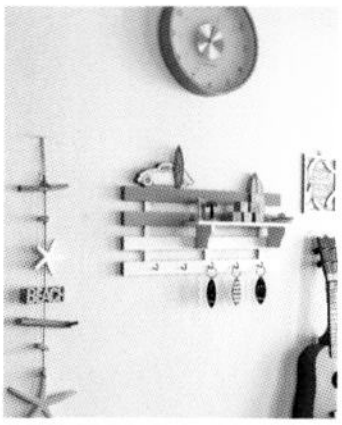

リビングと玄関前に設置した飾りスペース。どちらも海を連想する青で統一しています。

掃除が苦手な人こそ片づけやすいしくみを

幸子　私は掃除が苦手なので、とにかく掃除がラクになるようなしくみをつくっています。例えば、極力床やテーブルの上にモノを置かないことで、掃除の手間を省いています。**片づくしくみがあるから、掃除も簡単。できるだけ寝る前にリセットして、朝起きたときにスッキリしているようにしています。**

麻帆　ラベル管理で片づけがしやすく、常にモノが出ていない状態だから、掃除が簡単なんです。たまに父が戻してくれないときがあるけれど……。

幸子　たまにだから大目にみてあげて（笑）。

子どもは5分以内に片づけられる、を目指す

幸子　出したモノを「戻す」という行為に集中できる時間は、大人なら15分、子どもだと5分といわれています。そのくらい短い時間で簡単にできるようにするのが大事です。

麻帆　**子どもには1アクションまでで片づけられるしくみをつくってあげるとよいですよ。**「引き出しの中のフタつきケースに入れる」だと、引き出しを開ける、フタを開けるですでに2手間ありますが、フタのないケースにすれば、手間がかからず簡単です。写真のようにケースを車の形にしてみたり（P106参照）、片づけが楽しくなるしくみをつくってあげるといいと思います！

大掃除の代わりに曜日を意識したプチ掃除を

幸子　火曜日なら火に関する場所、水曜日なら水に関する場所というように、曜日を意識したプチ掃除をすることで、大掃除をしなくてもキレイな状態がキープできます。曜日を意識したプチ掃除は火曜日からはじまり、月曜日はゆっくり休んで体のメンテナンスを。**必ずやらなくては……と思うとストレスになってしまうこともあるので、ちょっと意識する程度でＯＫ**です。

麻帆　私は曜日を目安にしてはいないですが、１ヶ月に１度くらいの頻度で収納の見直しをして、今の自分の生活に合った収納法に変えていくようにしています。

曜日掃除の例

火曜日：コンロ周辺
水曜日：水まわり
木曜日：床・家具
金曜日：家計簿・お財布
土曜日：玄関・下駄箱
日曜日：庭・車

毎日片づけられなくても大丈夫

麻帆　子どもって、親に「片づけなさい」と言われるとついムカムカして、やろうと思っていたのにやる気がなくなってしまうと思うんです。だから、**親には絶対子どもに「片づけなさい」と言わないでほしいなと思います。**私の場合、テストや部活で忙しいときなどは、「テストが終わったら片づけるから終わるまで待って!」とドアに貼り紙をするようにしています。

幸子　いつまでに片づけるとわかっていれば、親もストレスが溜まらないので、お互いのイライラが減りますよね。片づけもコミュニケーションが大切なんだなと実感しています。

過去や未来よりも今が大事

幸子　P18でも説明しましたが、モノに記憶をのせて考えるのは、過去にとらわれている証拠なのかもしれません。また、**「持っていたほうがよいかも」「いつか必要になるかも」といったように未来にとらわれている人も、結果としてモノが増える傾向にあるようです。**

麻帆　けれどもそういうモノって、実際にはそのままになってしまうんですよね。私の場合、「必要になったらまた買えばいいや」と思って手放すことが多いです。いざというときには他のモノを使ったり、工夫することでやりくりできるので、新たに買い足すことはほとんどありません。

幸子　**持っているモノが少ないと、少ない中で何とかしようとするので応用力が養われる**と思います。整理が得意な子どもは、常に選択をする習慣が身についているので、判断するのも早い。片づけにはこんなメリットもあるんです。

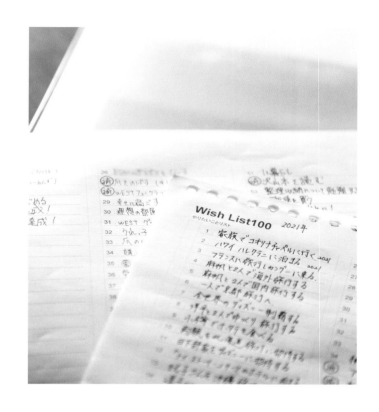

実現したい夢を100個書き出す

幸子 私たちは、毎年12月に実現したい夢を100個書き出しています。実はこれ、整理収納の手順（左）と全く同じだったりします。**①全部出す、②分ける、③選ぶ、④収める、⑤ラベルをつける。**

やりたいことを全部書き出し、仕事関係や欲しいモノなどにカテゴリー分けをして、翌年実現したいことを選び、予定に入れていく。

麻帆 書き出すことで考えていることが整理されて、頭もスッキリします。書いた紙を定期的に見返して、夢が叶ったら印をつけるようにすると達成感がありますよ。

幸子 みなさんもぜひ試してみてください。

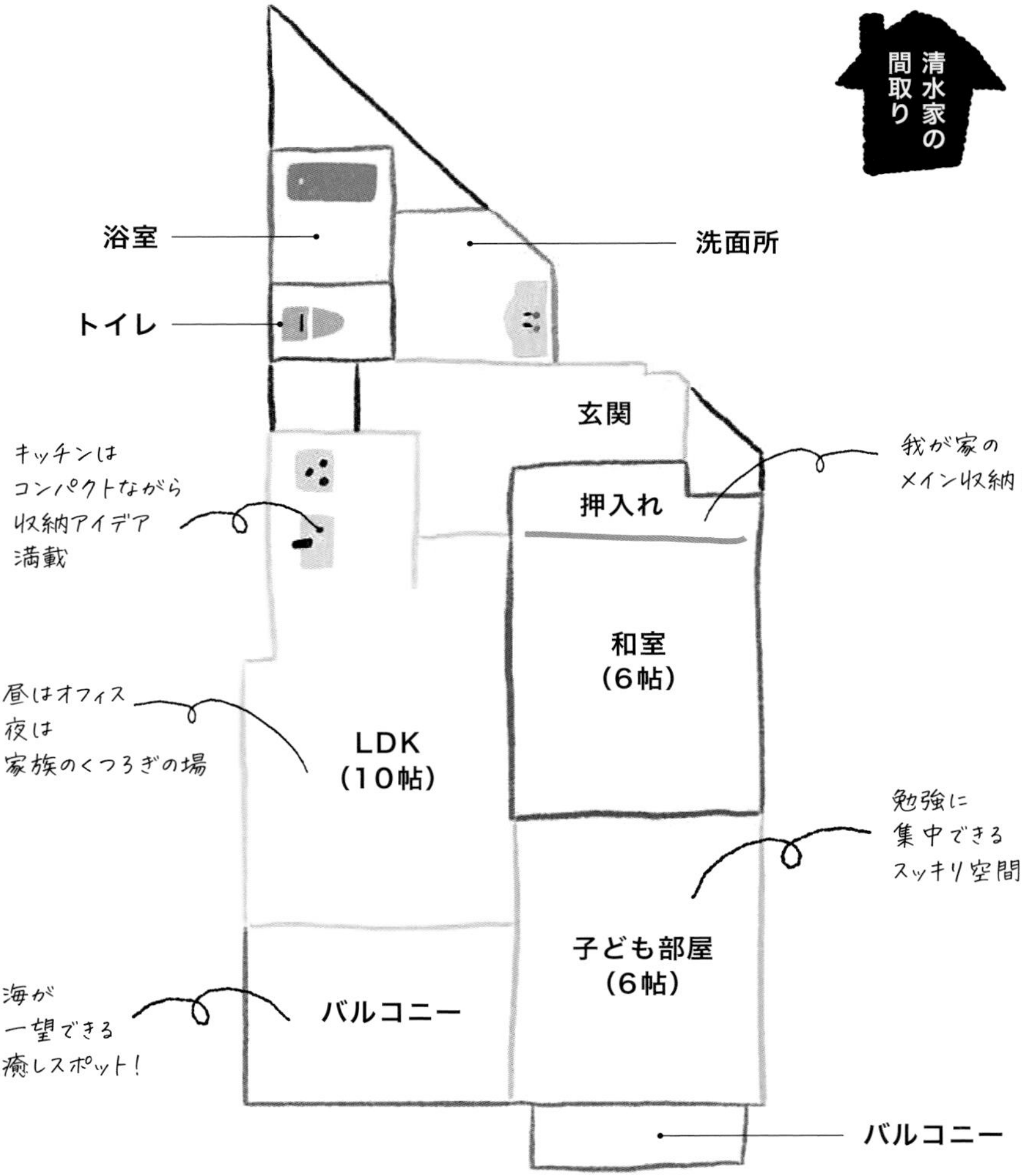

私たちが家族３人で暮らすマンションは、
築40年以上の２LDK（55.5㎡）。
狭くて古いですが、窓を開ければ海を一望でき、
家がコンパクトだからこそ掃除や片づけも簡単。
家族がいつも顔を合わせて暮らすことができる
私たちにとって最高に居心地のよい住まいです。

Chapter 2

家族に優しい収納テクニック

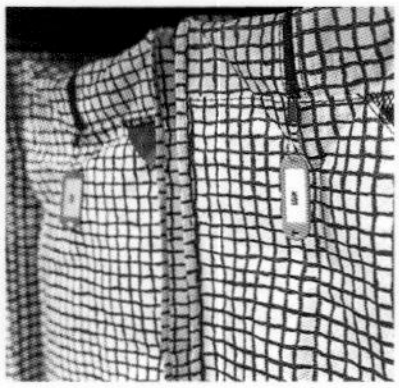

Closet

［押入れ］

押入れは我が家のメイン収納。
大きな収納場所はここだけなので、
高さ、奥行きに至るまでフル活用しています。
以前は家族3人のモノを全て押入れに収納していましたが、
今は娘のモノは子ども部屋へ移動させ、
それ以外の家族共有の文具類や、
夫と私の衣類などをしまっています。（幸子）

清水家のメイン収納をCHECK！

\\これぞシンデレラフィット！//

ナンバリングでモノの定位置を決める

ファイルボックスには書類やレターセットなどの文具を収納。ラベル＋ナンバリング収納で、取り出しやすく戻しやすい収納にしています。

収納アイテムは“白”で統一

収納ケースは色を統一するとスッキリ。種類が豊富で清潔感もある白が便利です。

衣類はグラデーションにする

ざっくりでよいので、グラデーションになるようにしまうと選びやすくなり、自分の好みの傾向を知ることもできます。

GOODS!

おすすめ押入れ収納グッズ

VARIERA/ヴァリエラ ボックス
幅33.5×奥行24㎝
／イケア

我が家では、100円ショップのキャスターをつけて、移動式収納ケースとして愛用。２サイズ展開なので、用途に合わせて使い分けています。

ポリプロピレン衣装ケース・引出式・大
約幅40×奥行65×高さ24㎝
／無印良品

押入れに合わせて設計されており、奥行きを最大に利用することができます。高さ18㎝タイプと組み合わせて使用。

SKUBB/スクッブ 収納ケース
幅44×奥行55×高さ19㎝
／イケア

我が家はスペースの問題で違うモノを使っていますが、おすすめはSKUBB。サイズ展開が豊富で立てても重ねても使えて便利です。

ポリプロピレンファイルボックス・スタンダードタイプ・Ａ４用・ホワイトグレー
約幅10×奥行32×高さ24㎝
／無印良品

買い足しやすい定番商品。シンプルな見た目で使いやすく、書類の収納に愛用しています。

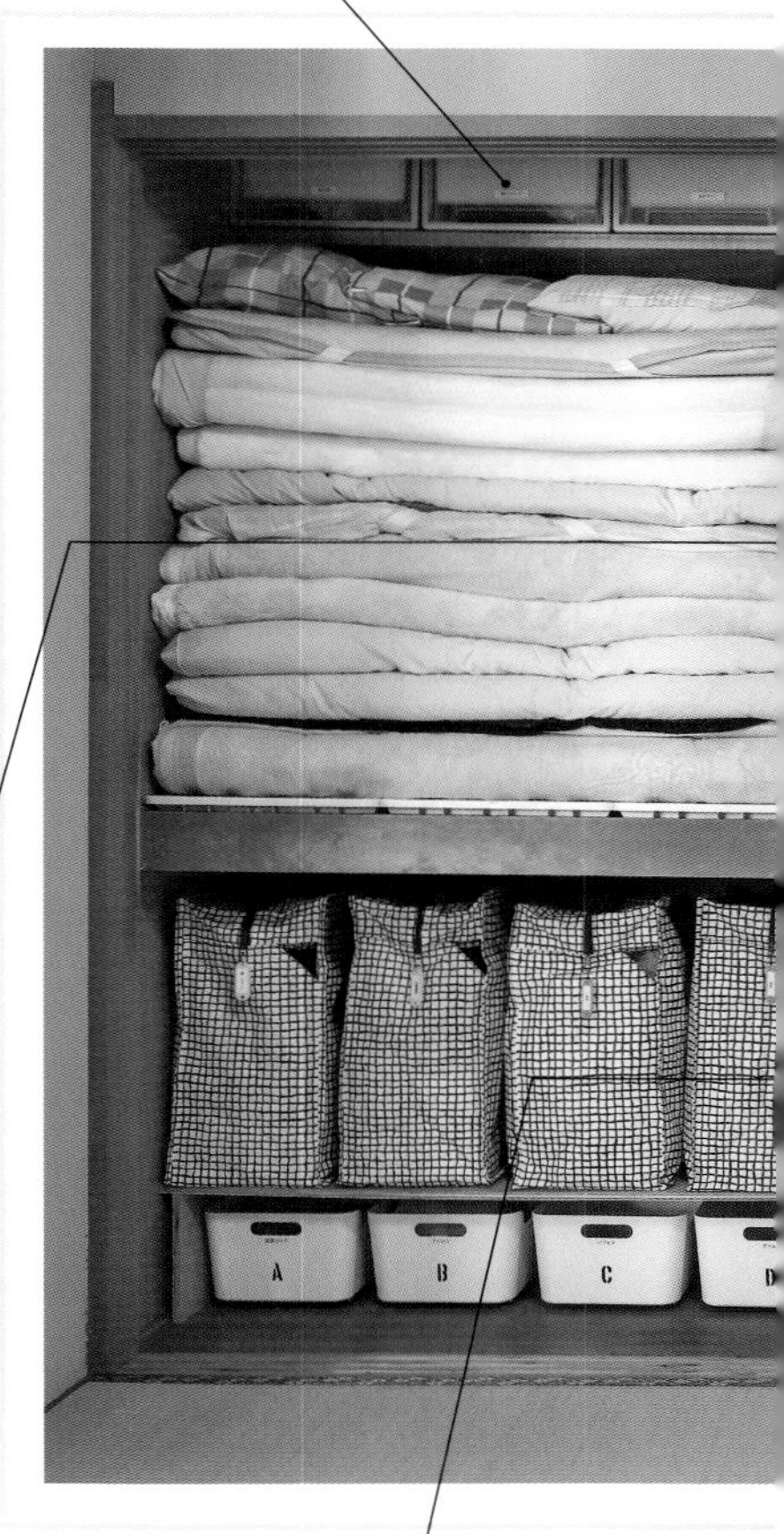

高いスペースもムダなく活用

押入れの天袋には、使用頻度の低い旅行バッグや冠婚葬祭グッズを収納しています。

色分けすれば誰のモノかひと目でわかる

誰のモノかひと目でわかるよう、マスキングテープを貼った上から、透明なラベルを貼って色分けしています。ネームプレートやタグで色分けしてもＯＫ。

衣替えしやすい配置を意識

夏服も冬服も同じケースを使っているので、衣替えはケースの位置を入れ替えるだけ！

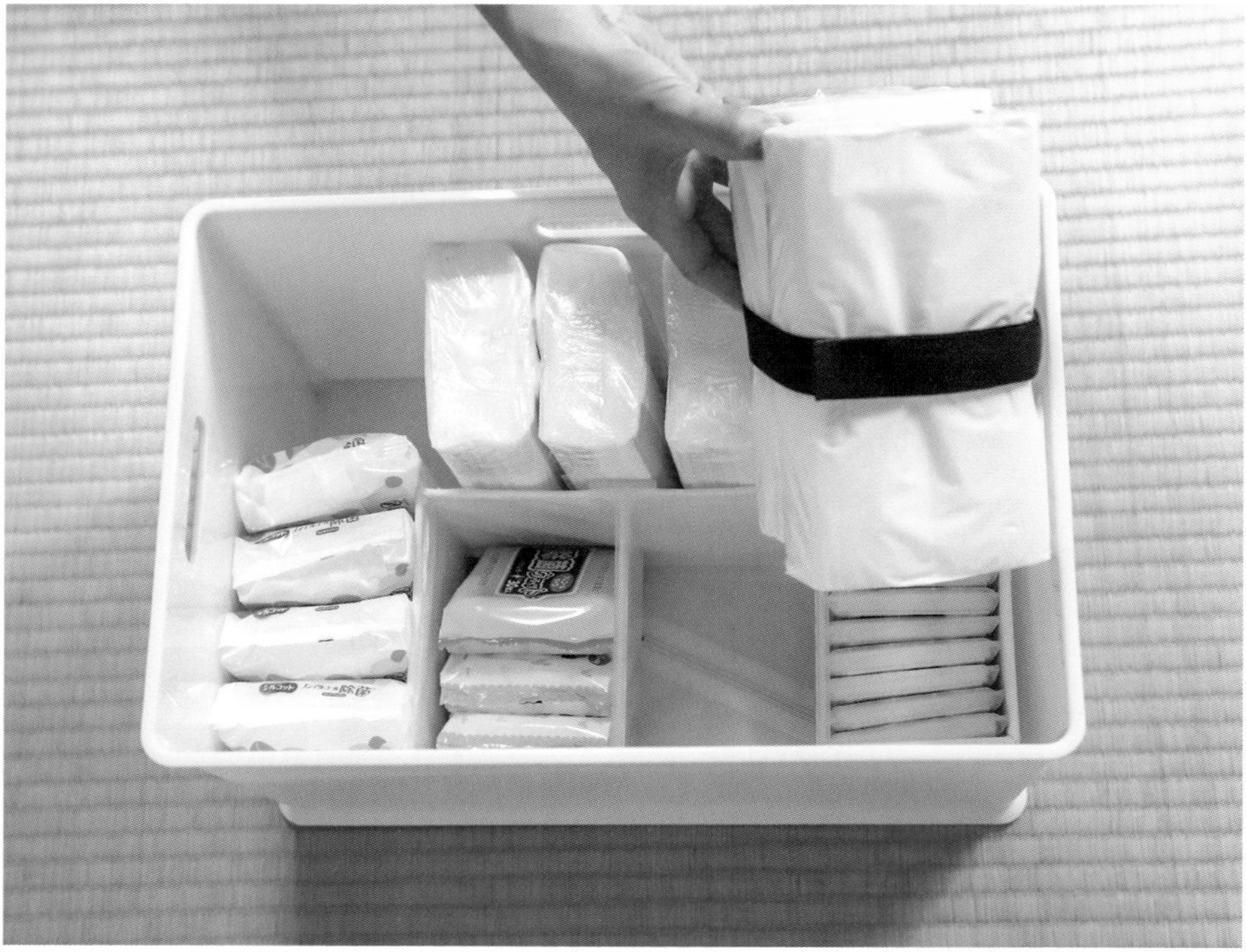

ゴムバンドで簡単在庫管理

by **Sachiko**

ティッシュなどの消耗品はつい買いだめしがちですが、買えば買うほど収納スペースを圧迫してしまいます。とはいえ、気がついたらストックがゼロになっていてあわてて買いに行くなんてことも。我が家では、**ゴムバンドで2つだけ留めておき、残り2つになったら私に声をかけてもらっています。**在庫管理のしくみができていると便利です。

ばんそうこうはカードケースに収納。上から使っていき、「教えてね」のメモが出てきたら買い足しのサインです。

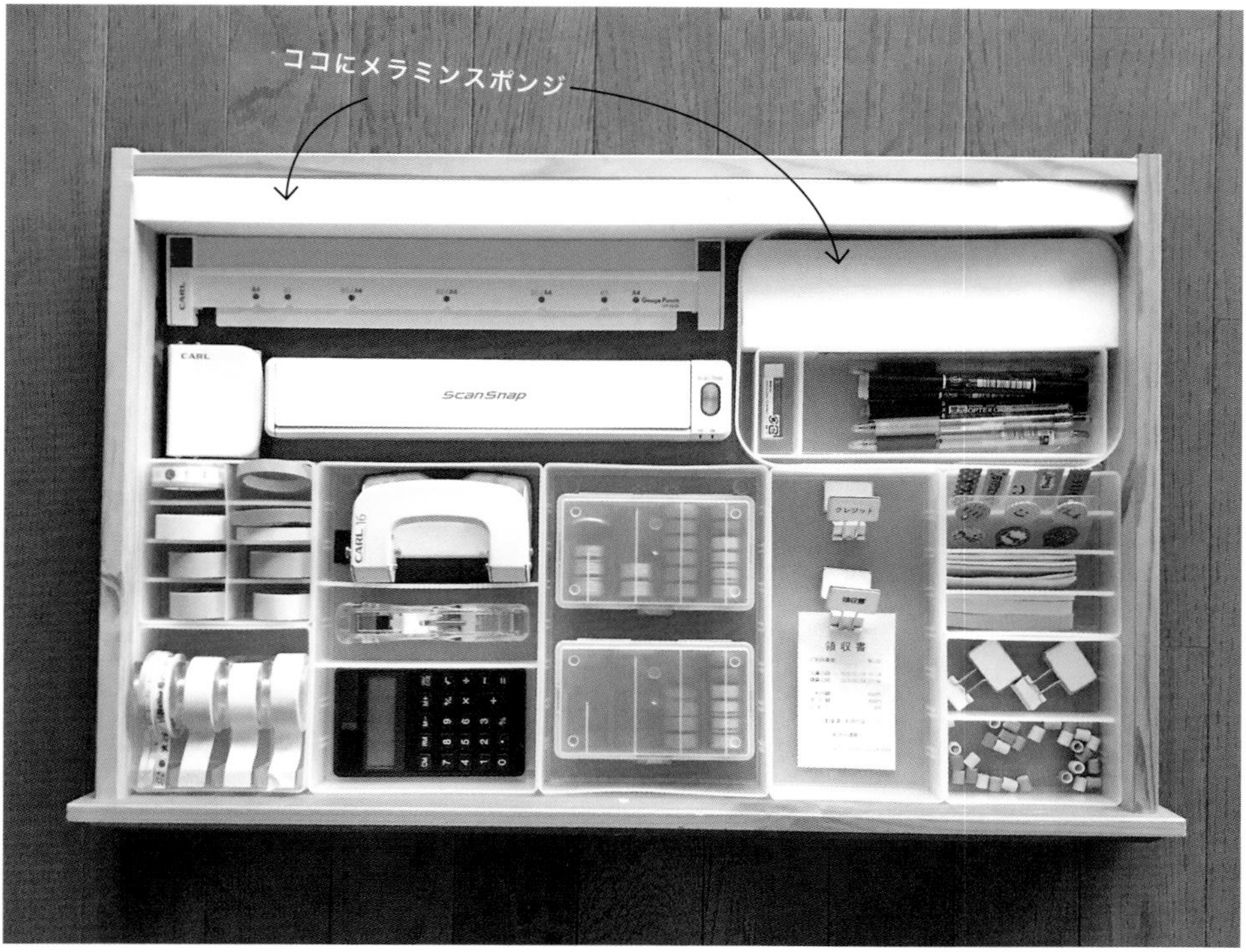

メラミンスポンジでプチストレスを解消！

by **Maho**

引き出し内に隙間があると、引き出しを開けたときに中のモノがズレてしまうのが気になっていました。今はメラミンスポンジを使ってズレを防止しています。他にも高さの調整や扉の隙間調整と、使い方は無限大！ 使い終わったら、掃除用として使ってから手放しています。

ココにメラミンスポンジ

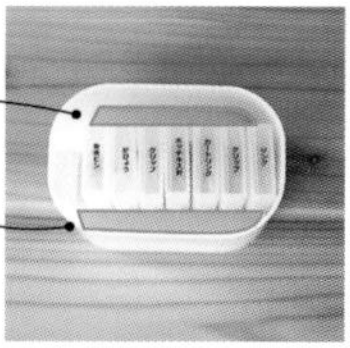
◀ 箱の中の小物ケースの崩れ防止

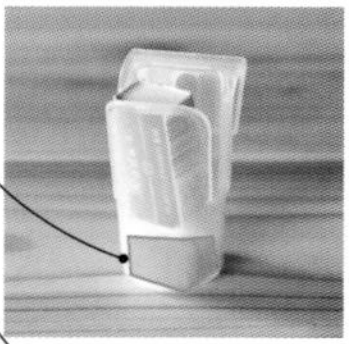
◀ 立てているモノの高さの調整

◀ ＬＡＮケーブルの保護

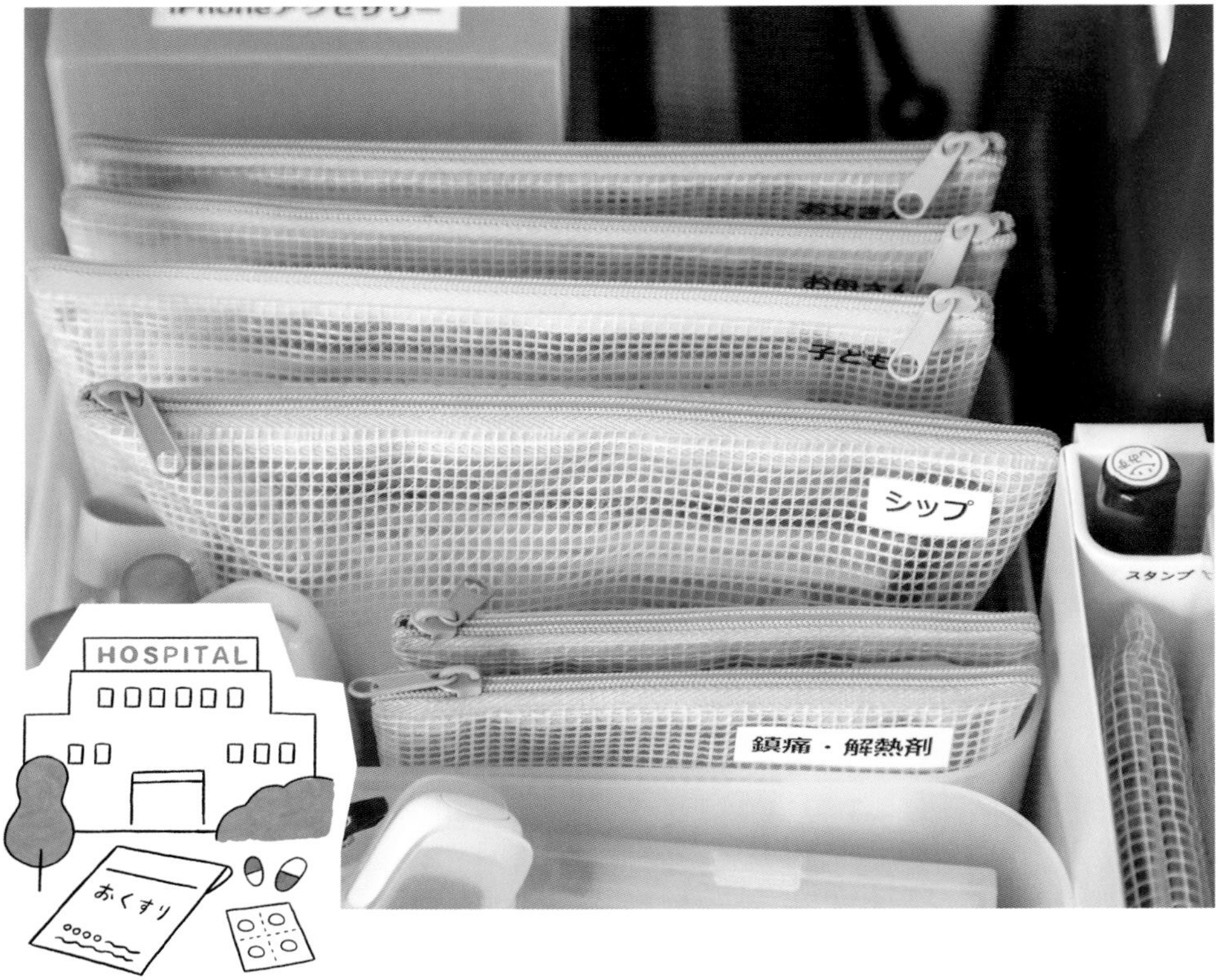

病院グッズはすぐに取り出せる工夫を

by **Sachiko**

保険証や診察券、おくすり手帳などの病院グッズは、ひとつにまとめておくと便利です。我が家では、Ｓｅｒｉａの「Ｂ６ソフトビニールケース」に家族一人ずつ必要なモノをセットにして入れています。**ラベルに加えてファスナー部分で色分けをしているので誰のモノかわかりやすい。立てて収納すれば取り出しやすさもアップします。必要なモノがひとつにまとまっているので、そのまま持って行くこともできてとっても便利です。**

これなら、夫や娘が急に体調が悪くなったときに、私が近くにいなくてもあわてる心配がありません。

by Maho

一時保管ボックスで進行中の作業を効率化

現在進行中の書類などをつい机の上に出しっ放しにしてしまう、そんな人におすすめなのが一時保管ボックスです。

私たちは収納する定位置が決まっているモノでも、頻繁に使う現在進行中の書類などは、それとは別の一時保管ボックスに入れるようにしています。進行中のモノをまとめて同じ場所に置くことで、片づけやすくなります。さらに、使うときも取り出しやすく、次の工程に素早く取り掛かることができるんです。

忙しいときにとりあえず入れる仮置きボックスと混同されがちですが、これはモノが増える原因になるので用意する場合は慎重に。

by Sachiko

着た洋服の一時置き場は衣類収納の近くにセット

一時保管ボックスと似ていますが、こちらは洗濯前の洋服を入れるための一時置き場。少しの時間だけ着たボトムスやパジャマなど、洗濯せずにもう1度着たい衣類を、洗ったモノと別に収納するために用意しています。

衣類の一時置き場は、バスルームの近くに用意しがちですが、洗濯した衣類をしまっている収納ケースのすぐ近くに用意するのがポイントです。一時置き場がメインの収納場所と離れていると、存在を忘れて新しい洋服をまた出してしまい、洗濯前の洋服が溜まってしまう……なんてことが起こるので、この位置がベストです。

by **Maho**

キャスターつきケースなら片づけが格段にラクに

収納ケースにキャスターをつけると、出し入れがスムーズになるのはもちろん、掃除も格段にラクになります。

キャスターはSeriaの「粘着テープ式ミニキャスター」かDAISOの「ラクラクピタッ！とキャスター」が便利。サイズはどちらも2.4×4.7cmで、4個使用時の耐荷重量は約8kg。違いは色だけで、Seriaは白、DAISOはグレーです。どちらも粘着テープ式なので、取りつけが簡単！

我が家ではアイロンや延長コードなどを入れてあるケースの他、サーキュレーターなどよく動かすモノにも取りつけています。

シーズンオフの布団は立てて収納

by Sachiko

かさばる上に季節が変わるたび出し入れする布団は、圧縮すると出し入れが不便だし、適切に収納をしないと衛生的に心配……と悩んでいる方も多いと思います。

我が家では、布団を収納バッグに入れて立てて収納する、縦型収納で決着がつきました。同じ収納バッグに仕事道具なども入れているので、ネームタグをつけてラベリングを。さらに、布団の数を見直すことも重要です。私は、娘が大きくなって両親が頻繁に泊まりに来なくなったのを機に、思い切って来客用布団を手放しました。押入れのスペースが空いて、使い勝手がよくなりました。

by Sachiko

プラスチックダンボールで見た目もスッキリ

便利アイテムとしてP25でご紹介したプラスチックダンボールは、引き出しの目隠しにもピッタリ。収納ケースのサイズに合わせてハサミやカッターでカットし、引き出しの手前に差し込むだけ。ずっと透明なケースから洋服が透けて見えているのが気になっていたのですが、**洋服が隠れて外見が白で統一されたので、スッキリした印象になりました。**

私は気に入っているのですが、娘は洋服が見えたほうが使いやすいそうで、子ども部屋の収納ケースには使用していません。

見た目重視か機能性重視か、お好みの収納法を選んでくださいね。

by **Sachiko**

朝ゆっくり過ごすためのラベル管理法

朝の忙しい時間に、はきたいタイツやストッキング、レギンスなどを捜して、困った経験はありませんか？　見た目が似ているので、はきたい1枚を取り出すのが難しいんですよね。「大切な朝の1分1秒の時間を有効に使いたい！」ということで、収納法を研究しました。

A6サイズのチャックつき袋にデニール数や色などの特徴を表示したラベルを貼って収納するようにしたところ、こうした朝のイライラから解放されました。

コンパクトに収納できて、旅行などに袋のまま持っていけるのでとても重宝しています。

Kitchen

［キッチン］

収納スペースがほとんどなかったキッチンは、夫に動線を確保した浅型の壁面収納をつくってもらい、収納スペースを増やしました。（幸子）

収納方法は母と二人で定期的に見直し、使いやすくなるようアイデアを出し合っています。（麻帆）

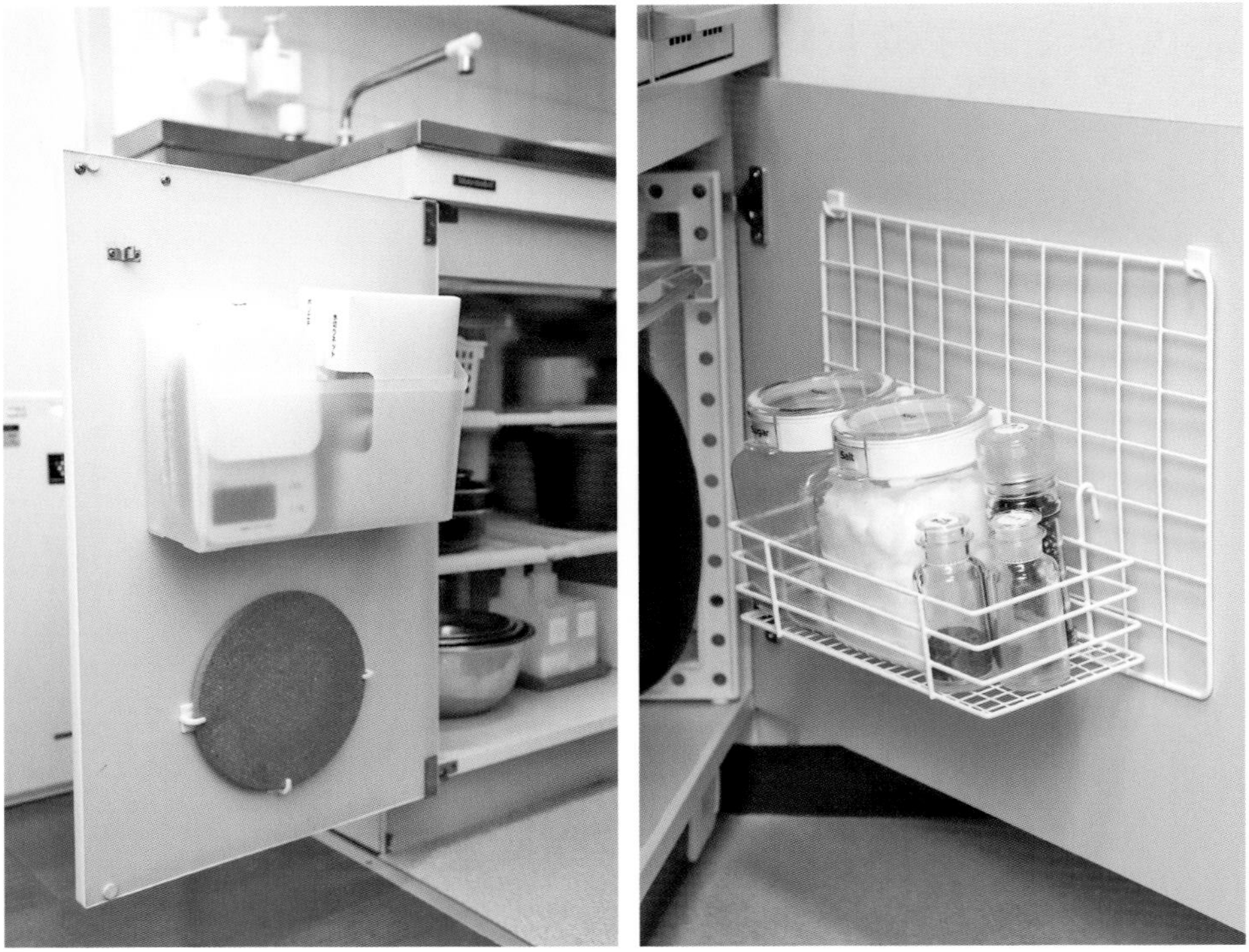

by **Maho**

観音扉の裏が収納スペースに変身

昔ながらの観音扉式のキッチンなら、扉裏を収納スペースに使うのもおすすめです。**扉裏にフックを取りつけて、ワイヤーネットやケースをかければ、立派な収納スペースに変身！**　調味料を入れたり、水切りネットやスケールなどのキッチンツールをしまったりと使い勝手も抜群です。

他のモノに紛れてしまいがちな鍋敷きの収納場所もここ。フックを下に1つと横向きに2つ組み合わせ、3点留めにして固定します。アイデア次第で他にもいろいろな収納ができると思うので、家族みんなが使いやすい収納法を考えるのも楽しいですよ。

ファイルボックスは食器収納にピッタリ

by **Sachiko**

積み重ねると取り出しにくい大皿は、大きさごとに分けてファイルボックスに立てて収納しています。立てることで、１枚ずつ簡単にお皿を取り出すことができます。

我が家では無印良品のポリプロピレンスタンドファイルボックスを愛用。食器の保護とすべり防止に、ファイルボックスの底にすべり止めシートを敷くと安心です。

無印良品のポリプロピレンスタンドファイルボックス・Ａ４用を愛用。つくりがしっかりしているので、お皿の収納に最適です。

by **Sachiko**

使いやすさ抜群の取っ手つきケース

我が家では、長年100円ショップの取っ手つきケースを使用していたのですが、取っ手部分が弱く、重いモノを入れると安定感が悪いのが悩みでした。しかし、他のメーカーのモノはサイズが合わなくて……。そんなとき、見つけたのがKEYUCAの商品。奥行きが29㎝なので小さめキッチンの吊り戸棚にもピッタリ収まります。

KEYUCAの「ハンドル付きストッカー」は、一般的に奥行きが30㎝を超える商品が多い中、取っ手を含めた奥行きが約29㎝と小ぶりなのが特徴。サイズは高さ20㎝と15㎝の2種類。中身が見えないオフホワイトなのもポイントです。

by Maho

カトラリーの仕切りは100円グッズを愛用

片づけ好きの間で話題のマグネットつき仕切りは、いろいろな用途に使える便利アイテム。本来は磁石でくっつくスチール机の仕切りなどに使うモノなのですが、これがカトラリーの仕切りにピッタリなんです。**マグネットを外して両面テープで手持ちのカトラリーケースにつけるだけ。**ひとつのケースでスプーンとフォークを分けられて、見た目もスッキリします。

DAISOの「マグネット付仕切り 小」は3枚セット。引き出しの整理はもちろん、冷蔵庫やお風呂場の壁に貼ったりと、アイデア次第で使い方は自由自在です。

by Sachiko

収納スペースの穴場を見逃さない

「収納スペースが足りない!」と嘆いている方におすすめしたいのが、高い位置の空間を活かすこと。我が家でもキッチンの棚と壁の数十cmの隙間を利用して棚をつくっています。**つっぱり棒を2本セットして、その上に100円ショップなどで販売されているつっぱり棒用棚を取りつければ棚の完成。**

よ〜く見ていただくとわかるのですが、このつっぱり棒用棚、1枚と1/3枚を組み合わせているんです。我が家では1枚では横幅が足りず、2枚では入らなかったため、カッターで切って長さを調節しました。ひと手間加えるだけで、ピッタリ収納がつくれますよ。

by Maho

バスケット収納にはプラ板タグが便利

食品の収納には、通気性のよいバスケット収納が安心です。我が家でも愛用しているのですが、バスケットにラベルが貼れないのが難点でした。そこで私たちが考えたのが、プラ板でつくったタグをひもで取りつける方法。簡単にラベルが貼り替えられてとても便利だし、つくるのも楽しいです。

[プラ板タグのつくり方]

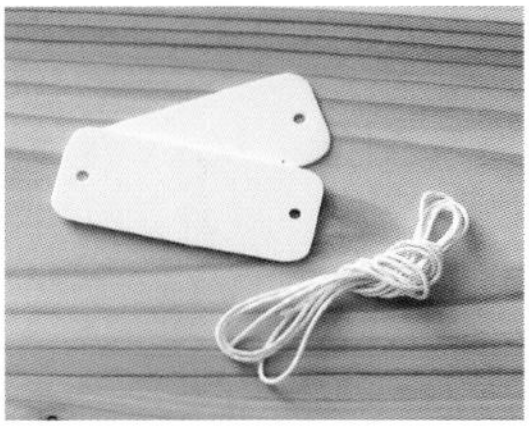

1 プラ板をつくりたいタグの形に切り、パンチで穴を開ける。
2 オーブントースターで加熱し、冷めないうちに平らなモノで押さえてまっすぐに整える。
3 ラベルを貼り、麻ひもなどで取りつければ完成！

※プラ板は加熱すると小さくなるので、カットする大きさに注意しましょう。

by **Sachiko**

ゴミ箱を収納ボックスにすれば統一感がアップ！

夫がつくってくれたキッチン背面棚の下段スペースは、無印良品の木製ゴミ箱（角型）を使って整理しています。棚の下段は、ゴミステーションになっており、「燃えるゴミ」「プラスチックゴミ」「ビン、カン、ペットボトル」などに分けて使っているのですが、上段も同じゴミ箱を使い、「ラップやホイル」、「チャックつき袋」、「料理本」、「紙袋」などを収納。同じケースにしまうことで、見た目に統一感が出てスッキリしました！

ゴミ箱はゴミ箱としてしか使うことができないという固定概念を崩すと、新しい収納法が見えてきて楽しいですよ。

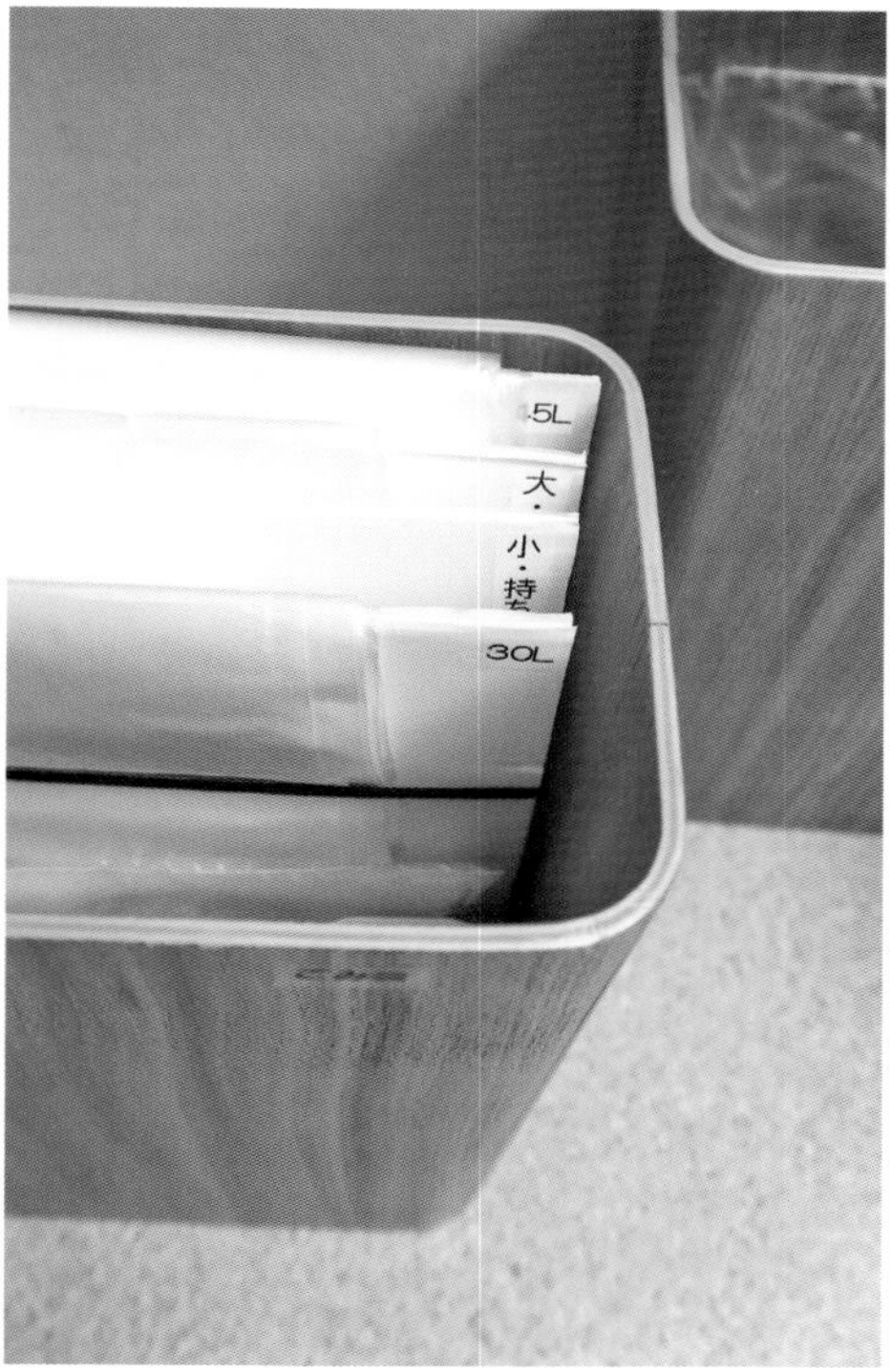

by **Maho**

ゴミ袋は1枚ずつ引き出せると便利！

ゴミ袋は種類が多く、そのまま引き出しに入れておくと、ぐちゃぐちゃになってしまいますよね。こうしたことでお困りの方のために、我が家で長年使っているゴミ袋収納を伝授します！　用意するモノはプラスチックダンボールとヘアゴムだけ。収納ボックスのサイズよりひとまわり小さくプラスチックダンボールを切り、両サイドに少しだけ切れ込みを入れてヘアゴムを留めれば完成です。これにゴミ袋を挟んで、立てて収納しておくと、1枚ずつキレイに引き出すことができます。

分別の種類やサイズなどを書いてラベルを貼っておけば、さらに使いやすくなりますよ。

by Sachiko

調味料はフタにラベルを貼る

コンロ下やその近くにしまっていることが多い調味料類のフタにラベルを貼っておくと、上から見たときに何の調味料か一目瞭然！取り出しやすくなり、料理の時短にもひと役買ってくれます。以前はフタにマジックで記入していましたが、フタの色が邪魔をして読みにくかったので、今は丸シールの上にラベルを貼っています。

調味料を入れているケースにもキャスターをつけて、動かしやすくしています。さっと取り出せてとっても便利！

by **Maho**

つっぱり棒でデッドスペースを有効活用

つっぱり棒マスターの資格も持っているほど、つっぱり棒が大好きな私たち。キッチンでも、もちろんつっぱり棒を活用しています。写真をよく見るとわかるのですが、**シンク下の収納棚の上部につっぱり棒を設置し、スプレーボトルをひっかけています。**しゃがまずにさっと取り出せるので、とってもラクになりました！

扉式のキッチンだとどうしても上のほうが空いてしまってデッドスペースになりがちなので、つっぱり棒を使って上手に活用してみてください。

清水家の冷蔵庫収納テクニック

小さくなっても
こんなにスッキリ

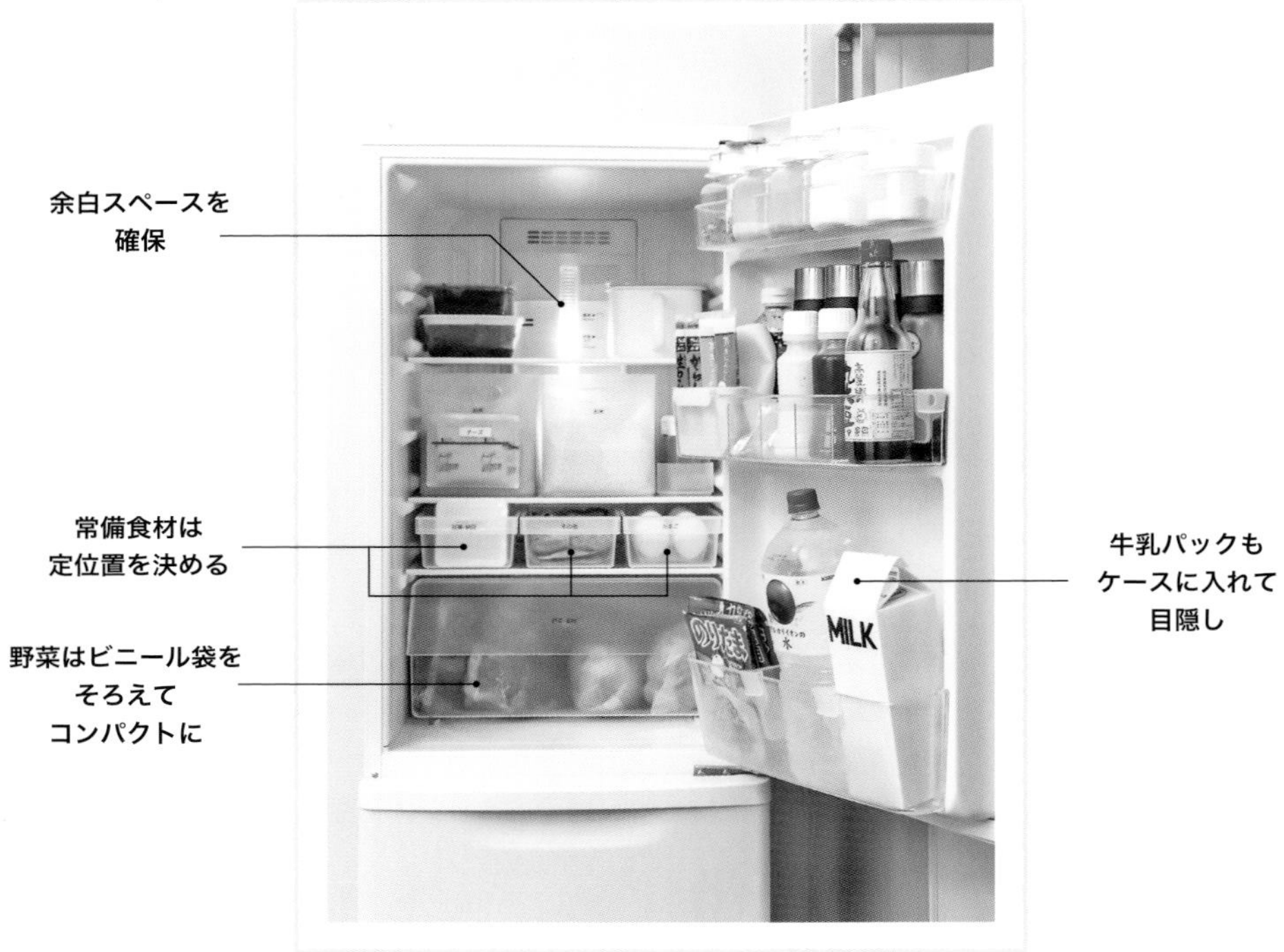

幸子　収納の見直しをした際に、400Lの家族用の冷蔵庫を手放し、168Lの小さな冷蔵庫をお迎えしました。正直「ちょっと小さすぎるかな？」と思っていましたが、これが我が家にはピッタリ。部屋を圧迫していた冷蔵庫が小さくなったことで、さらに居心地のよい部屋になりました。

麻帆　以前から買い置きはあまりせず、冷蔵庫の中の食品は少なめでしたが、今は本当に必要なモノしか入っていないので、さらに使いやすくなって食品ロスもなくなりました！

幸子　小さい分、コンパクトに収まるように収納方法には工夫が詰まっているので、よかったら参考にしてください。

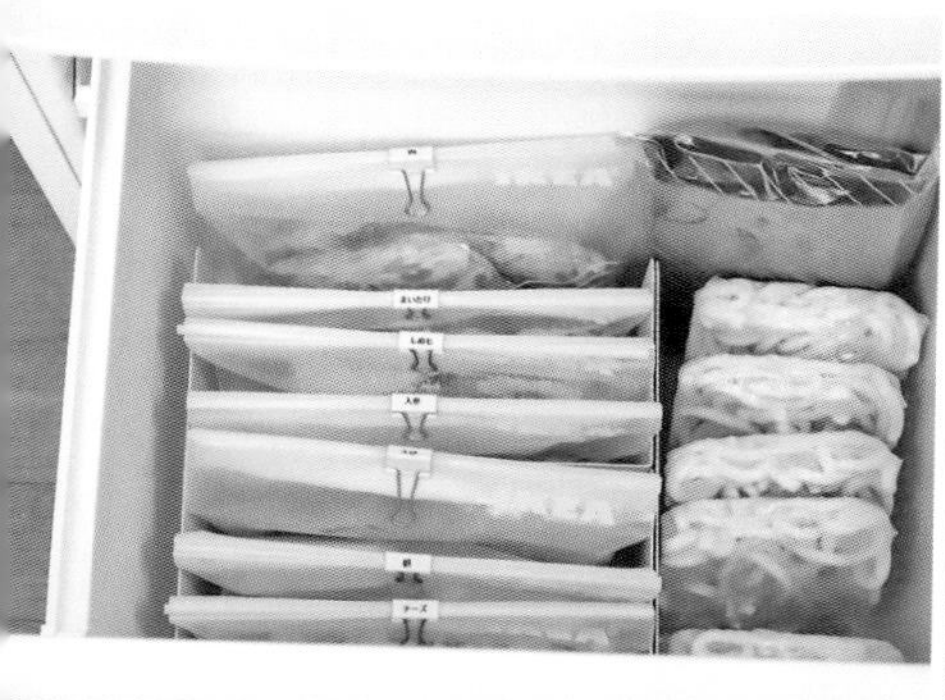

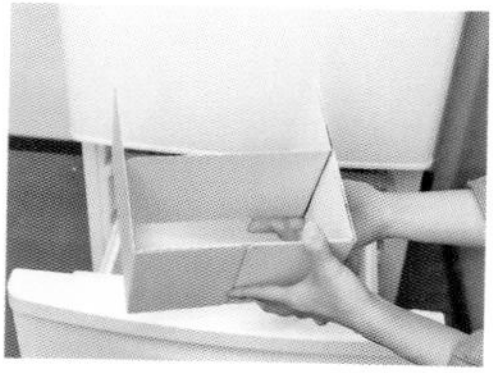

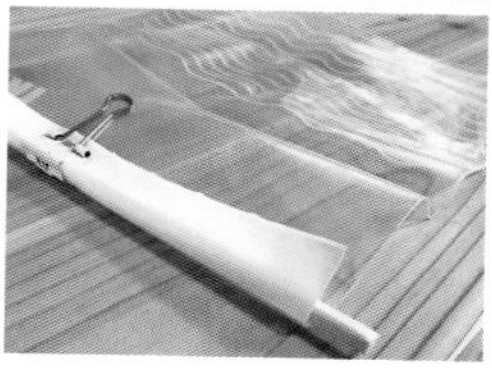

冷凍食品は ブックエンドで 仕切って収納

冷凍食品は立てて収納すれば一目瞭然。チャックつき袋に入れて先端にわりばしを合わせ、ラベルを貼ったダブルクリップで留めると取り出しやすさがアップ。ブックエンドで仕切って倒れないようにしています。

粉末の調味料などは ケースに入れる

調味料類は、ケースに詰め替えると見た目がスッキリする上、サイズが揃うので収納スペースを有効活用できます。

奥行きを 最大限活用する

冷蔵庫のドアポケットは、仕切りトレーを２つ使って奥行きをフル活用。奥の隙間はメラミンスポンジで埋めています。

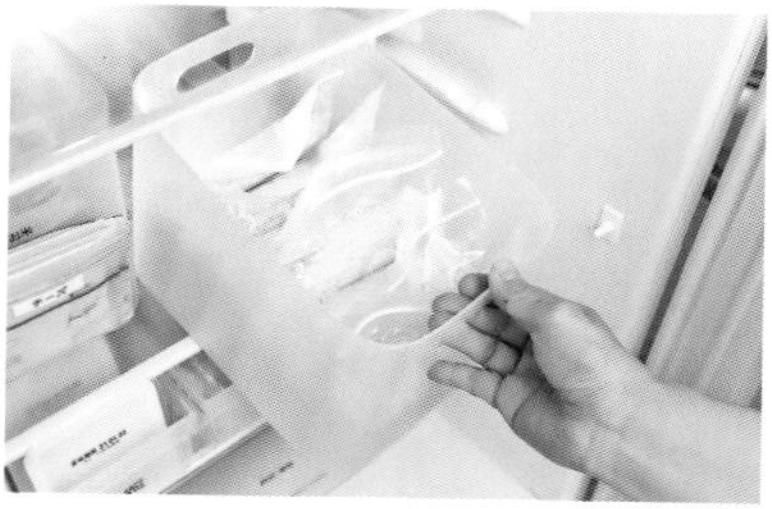

米は2合ずつ小分けにして 密封袋に

お米はチャックつき袋に使う分ずつ小分けにしつつ、立てて収納。最初のひと手間が、普段の生活をラクにしてくれます。

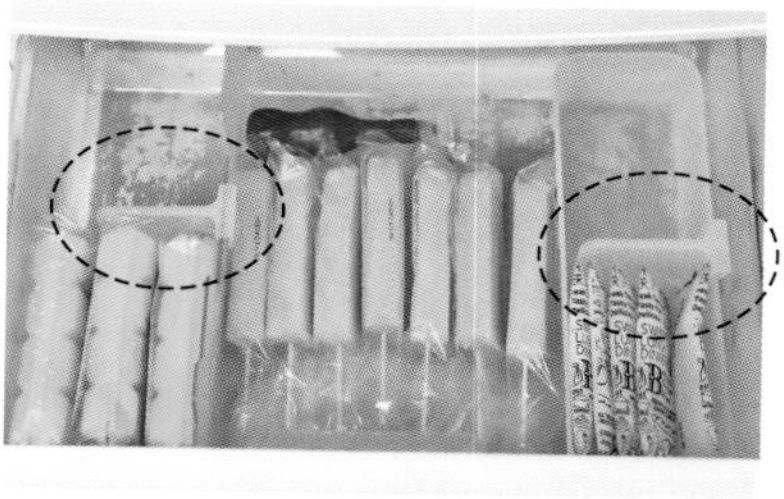

ドアポケット用仕切りで ガタつきを防止

100円ショップなどで手に入るドアポケット用仕切りは、差し込むだけでどこでも簡単に仕切れる優秀アイテム。

Kids' room

［キッズルーム］

私にとって自分の部屋は、
集中して勉強や仕事をする場所。
ムダがなく使いやすいよう、
私なりのこだわりが詰まっています。
飾りはほとんどないですが、
勉強していてふと視線を上げたとき、
窓の外に見える海や、
棚の上のシーグラスの瓶を眺めて
癒されています。（麻帆）

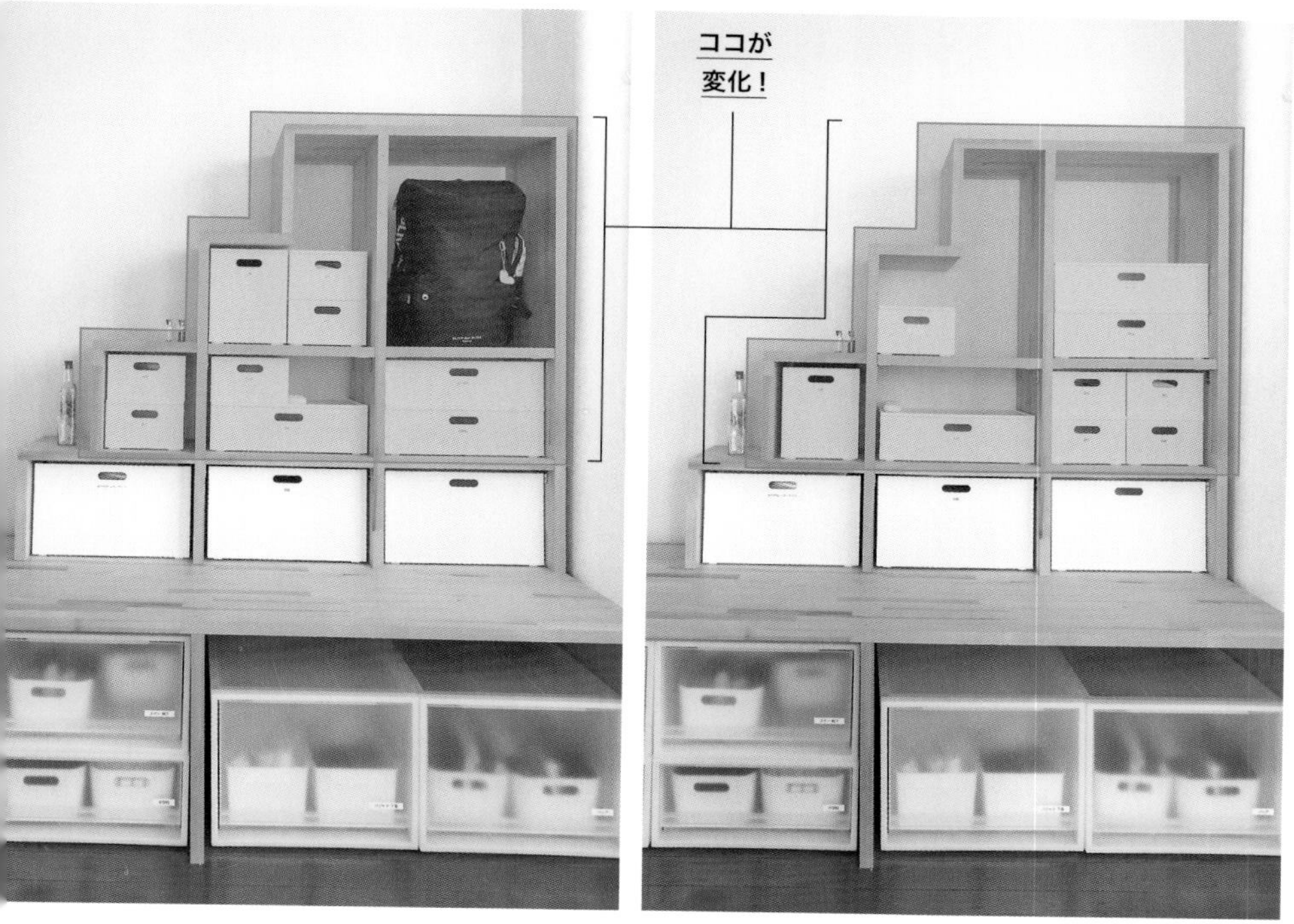

by **Maho**

変幻自在の収納棚

私の部屋の少し変わった形の収納棚は、家族全員で意見を出し合ってつくったモノ。父が設計を行い、家族みんなで組み立てました。

もともと持っていた無印良品の衣装ケースと、この棚にあわせて買ったニトリの収納ケースがピッタリ収まります。

一番のポイントは、中に入れるケースを入れ替えて、収納を自在に変えられること。ニトリのケースをサイズ違いで複数持っているのですが、この組み合わせ次第でいろいろな収納ができるんです。学年が上がるにつれて、しまいたいモノがどんどん変わってきますが、それに合わせて収納法を変えられるので、長く使えそうです。

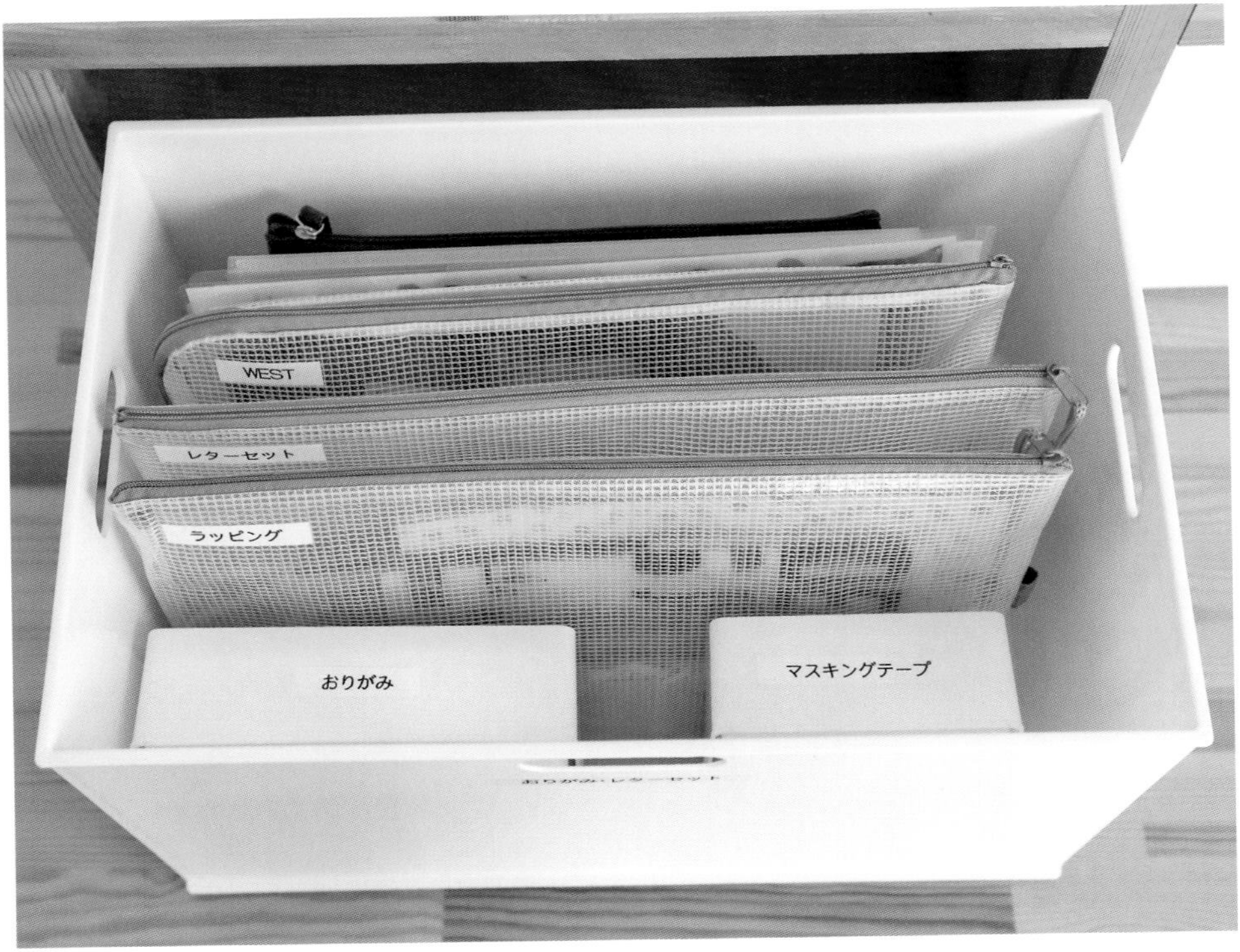

大分類↓小分類と仕分ければ使いやすい！

by Maho

大きめの収納ケースにそのままモノを入れると、ケースの中でごちゃごちゃになってしまうので、さらに小さな収納ケースに入れて使っています。もちろんカテゴリーごとに分けてラベルを貼り、どのケースに何が入っているかすぐわかるように。メッシュ袋の場合は左上、立ててしまう場合はケースの側面と、**ラベルを貼る位置もルール化**しています。

おりがみ収納は、Seriaの「ストレージケースオリガミサイズ」を愛用。

我が家に20個以上あるはがきケースは、習字セットの収納にもピッタリ。

小物類の収納には シリコンカップが大活躍！

by **Maho**

お弁当用のシリコンカップは、ヘアゴムやアクセサリーをしまうのにちょうどよいサイズ。Seriaの「フタ付きケース スクエア」なら、大きめのシリコンカップが3×3個、小さめのカップなら4×4個入るので、入れるモノによって使い分けています。

フタつきだから中のモノが汚れないし、重ねて収納することもできます。色が半透明で中が見えるところもお気に入り。その上、使わなくなったら元の用途で使えるところもムダがなくて好きです。私は白とグレーを購入し、交互に入れて見た目もおしゃれに見えるようにしています。

勉強道具はファイルボックスで〝見える化〟

by Maho

小学生の頃、父につくってもらった学習デスクは、中学生になった今でも使っています。

この机は、前からも横からもファイルボックスが3つずつ入るようになっています。

あえてオープンなつくりにしているので、「引き出しを開ける」という手間を省くことができます。さらに紙類は全てカテゴリー分けしてファイルボックスに収納しているので、引き出しに重ねてしまうよりも、格段に見やすく取り出しやすくなっています。

「オープン棚」、「ファイルボックスに入れる」、「ラベルを貼る」といった〝3つの見える化〟で、勉強の効率もアップします！

by Maho

学習デスクの上に置くのは時計だけ

勉強道具やペンなどの文房具、ノートやパソコンなどはどうしても机の上に置きたくなりがちですが、これが片づかない原因です。書類ケースやペン立てなどを机の下に置くだけで、不思議とスッキリ見えますよ。

机の上にモノがあると掃除もしにくく、勉強するときの集中力も半減してしまうので、**全てのモノに定位置をつくり、机の上には何も置かないよう普段から意識しています。**

唯一置いていてもOKとしている時計は、コンパクトなのに日付や温度、タイマー機能などがある優れもの。試験勉強などで時間を計って勉強したいときに重宝しています。

1

2

by **Maho**

組み立て式のパソコンスタンドが優秀！

市販のパソコンスタンドはかさばってしまうので、もっとコンパクトにしまえるように、組み立て式のモノを手づくりしました。

手づくりといっても、100円ショップで買ったアイアンバーに、45×9㎝の板を3つ並べて入れるだけ。板は水性ニスで自然な木の色に塗っています。

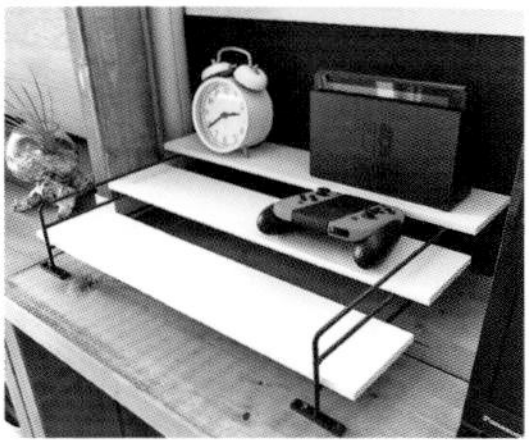

板の高さを変えて並べれば、簡易棚に変身！　こちらはナチュラルベージュの水性塗料で塗り、飾り棚として使っています。

by **Maho**

学校グッズはつっぱり棒で1ヶ所に集約

玄関やリビングでも使っているおしゃれなつっぱり棒は、平安伸銅工業さんの「DRAWALINE」（P25参照）。玄関では黒、リビングと私の部屋では白を愛用しています。このつっぱり棒は、ちょっとしたモノをのせるためのテーブルやトレイ、照明パーツ、専用マグネットなどが付属で販売されていて、自分でカスタマイズすることができます。

私は、シューズラックを取りつけ、中学校の制服をかけた下に、部活用のシューズをのせています。学校に持っていく道具の定位置をこの1ヶ所にまとめているので、朝の準備が簡単で、忘れモノの心配もありません。

Washroom

［洗面所］

我が家の洗面所の収納場所は、
洗面台下と縦長の棚の2つのみ。
ここをフル活用して、
さまざまなモノを収納しています。
わずかな隙間や高い場所などの
デッドスペースも見逃さずに
収納することで、十分必要なモノを
しまえるスペースが
確保できています。（幸子）

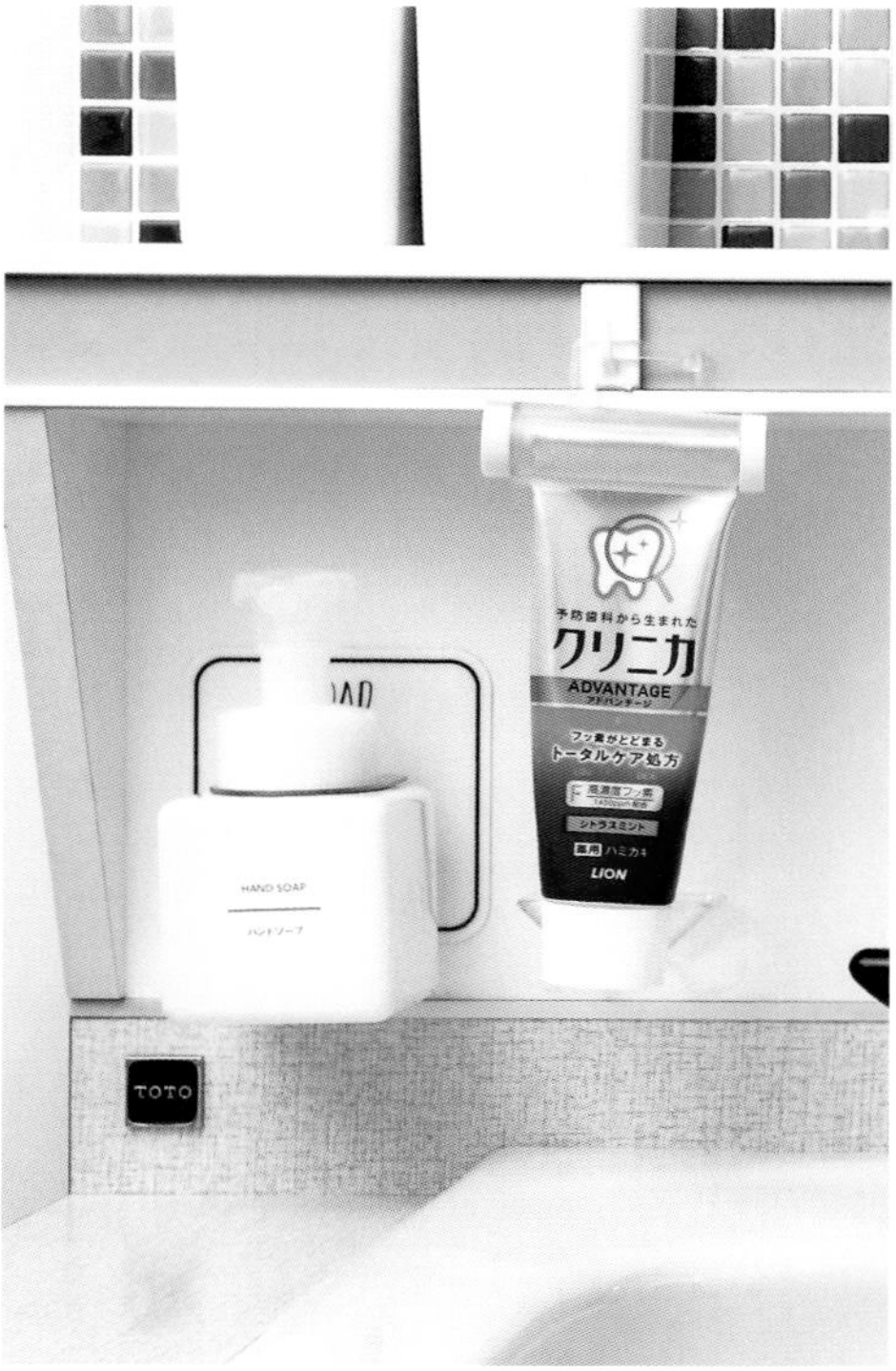

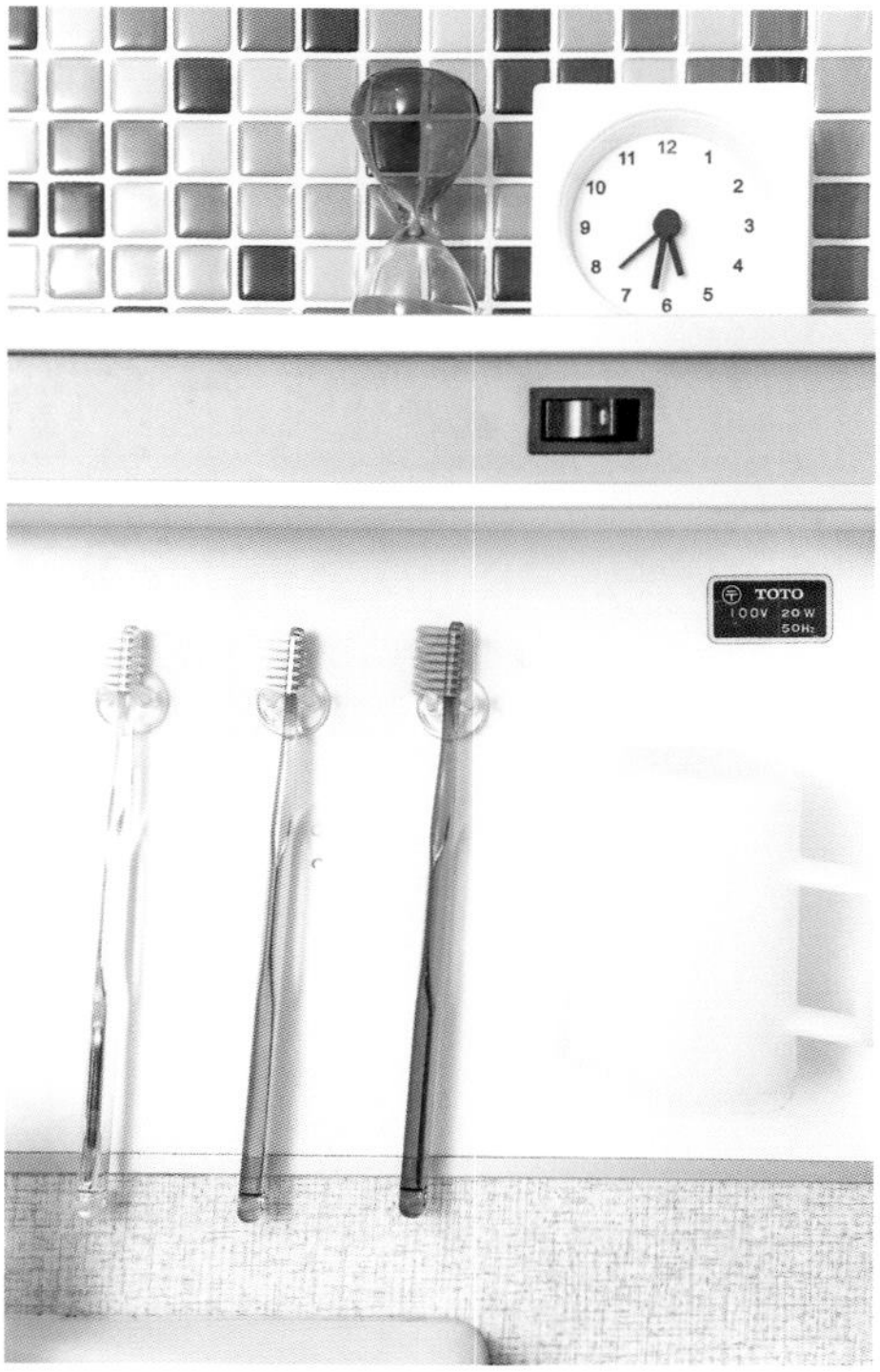

水まわりの基本は浮かせる収納

by **Sachiko**

水が飛び散ったりして１日に何度も拭くことが多い水まわりは、直置きよりも浮かせて収納したほうが、掃除がラクになります。ぬめりやカビの防止、狭い洗面台を広く使えるといったメリットもあり、いいことずくめ。

普段あまり専用商品は買わないのですが、ここに限っては専用商品をフル活用しています。１００円ショップで購入した「フィルムフックコップホルダー」と「フィルム歯ブラシホルダー」は、水が切れて衛生的。歯磨き粉はＳｅｒｉａの「キッチン用チューブホルダー」、ハンドソープはＯｔｅｌの「泡ソープボトルホルダー」で浮かせています。

つっぱり棒3本でデッドスペースを有効利用

by **Sachiko**

我が家の洗面台は扉式。デッドスペースになりがちな高い位置を活かすために、つっぱり棒が大活躍してくれます。

つっぱり棒を使って収納場所をつくる場合、つっぱり棒2本で棚をつくり、その上に収納ケースを置くのが一般的ですが、実は3本使いがおすすめです。というのも、**一番奥のつっぱり棒を他の2本よりも少し高く設置することで、ケースが奥に行きすぎたり落下するのを防いでくれる**んです。

また、奥につっぱり棒が1本あることで、ケースの前面も揃うので見た目もスッキリして一石二鳥です。

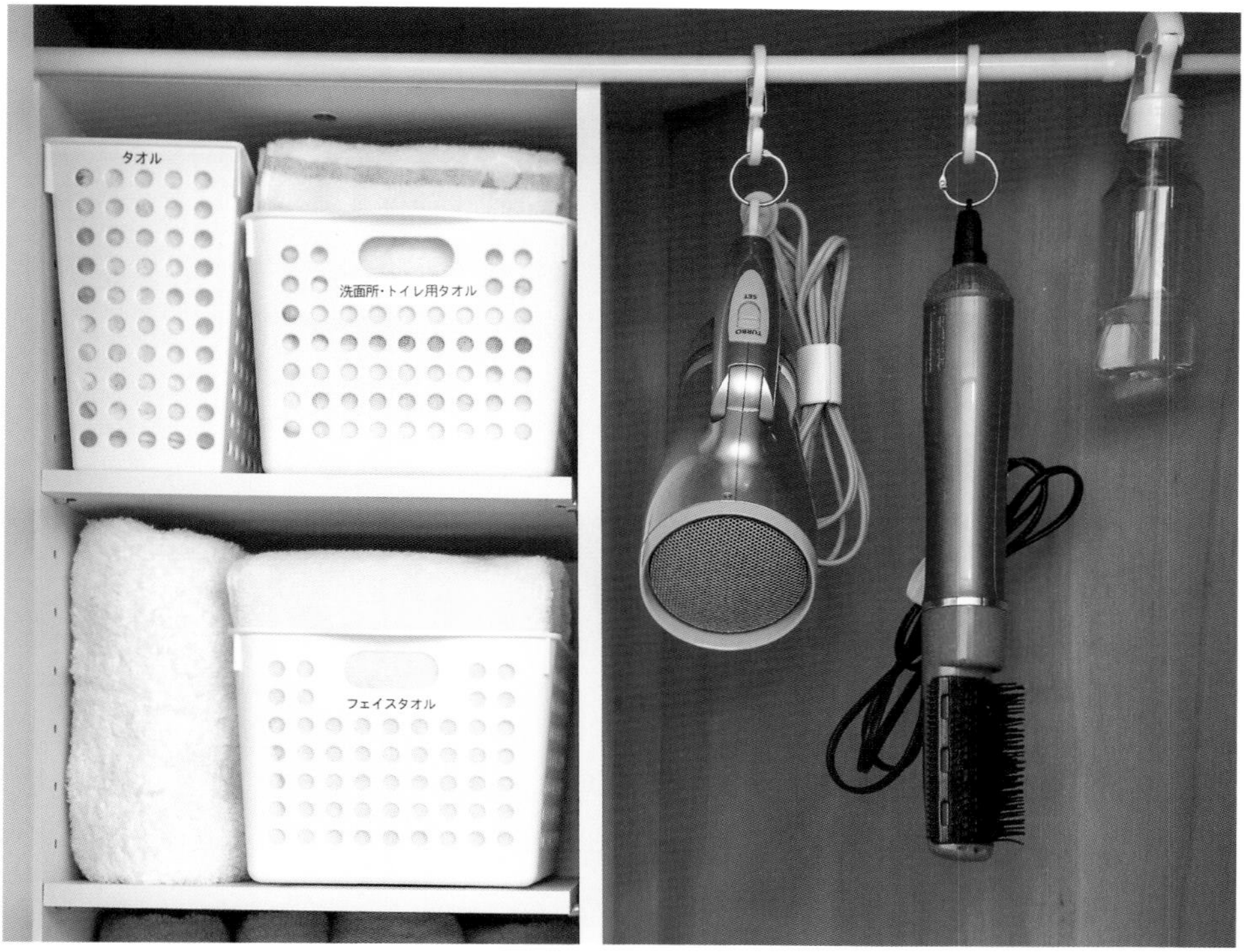

by **Sachiko**

S字フック×リングが大活躍

我が家のドライヤーは〝かける収納〟。縦長の収納棚を活かすため、棚の上部につっぱり棒を取りつけ、そこにS字フックをかけて使っています。

100円ショップなどで売られているストッパーつきS字フックは、ひっかけてあるモノを取るときに、フックごと外れてしまうといった悩みを解消してくれるお助けアイテム。コードホルダーを使ってコードを束ねたドライヤーをこのS字フックにかけているのですが、家にあった文具用のリングをつけたところ、さらにフックにひっかけやすくなりました。

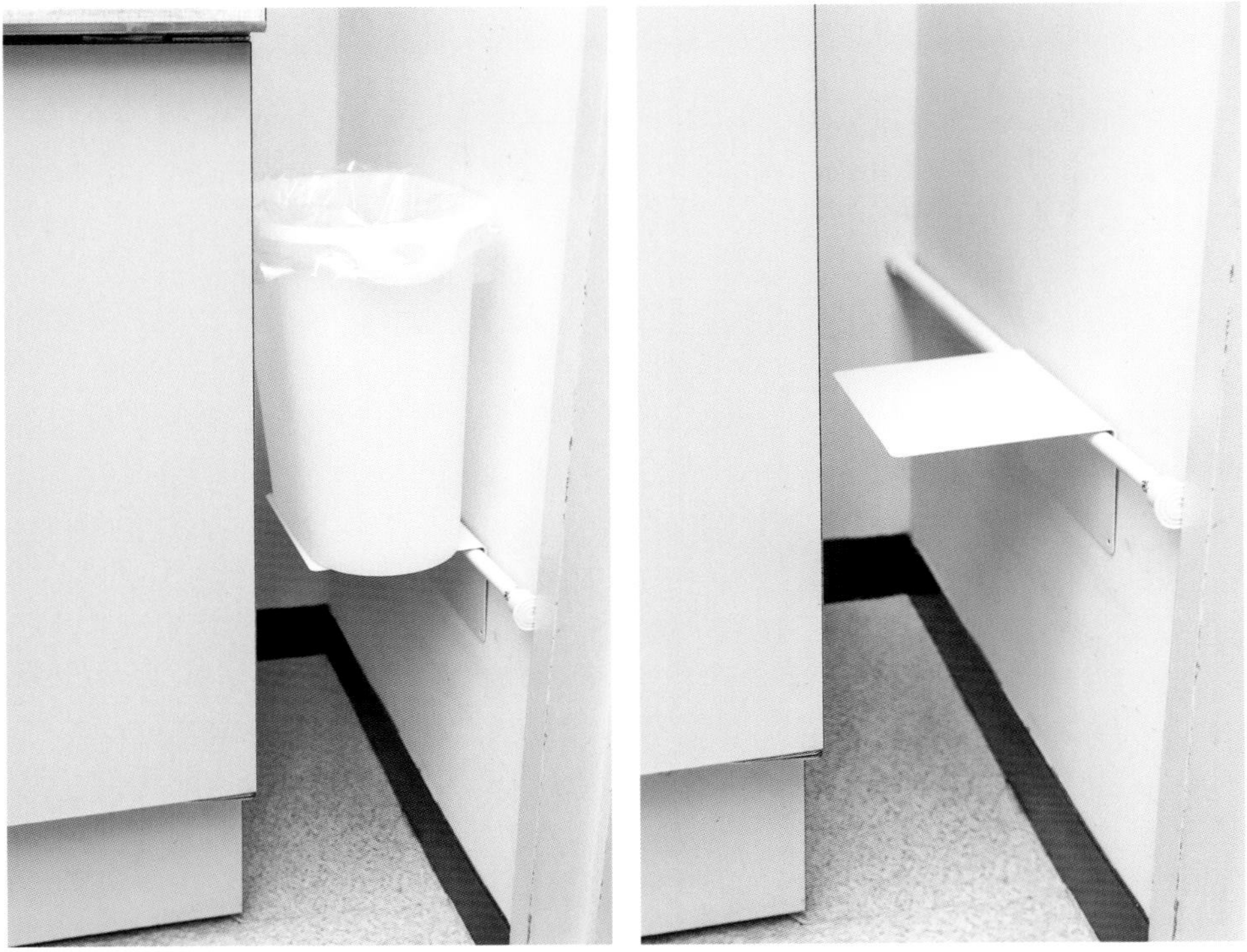

by **Maho**

ゴミ箱を浮かせる100均アイデア

浮かせる収納にこだわっていたら、ついに母がゴミ箱まで浮かせてしまいました！ **壁とドア枠の間につっぱり棒を設置し、そこにブックエンドを挟み込めば、ゴミ箱を置くための台が完成**します。つっぱり棒とブックエンドは、いろいろな収納に活用できて本当に便利。ゴミ箱を浮かせたことによって、しゃがまずにゴミを捨てられるし、床も拭きやすくなりました。ロボット掃除機を使っているお宅にもおすすめです。

少しの工夫で日々の生活がラクになるんだなと思うと、収納ってスゴイなぁとつくづく思います。

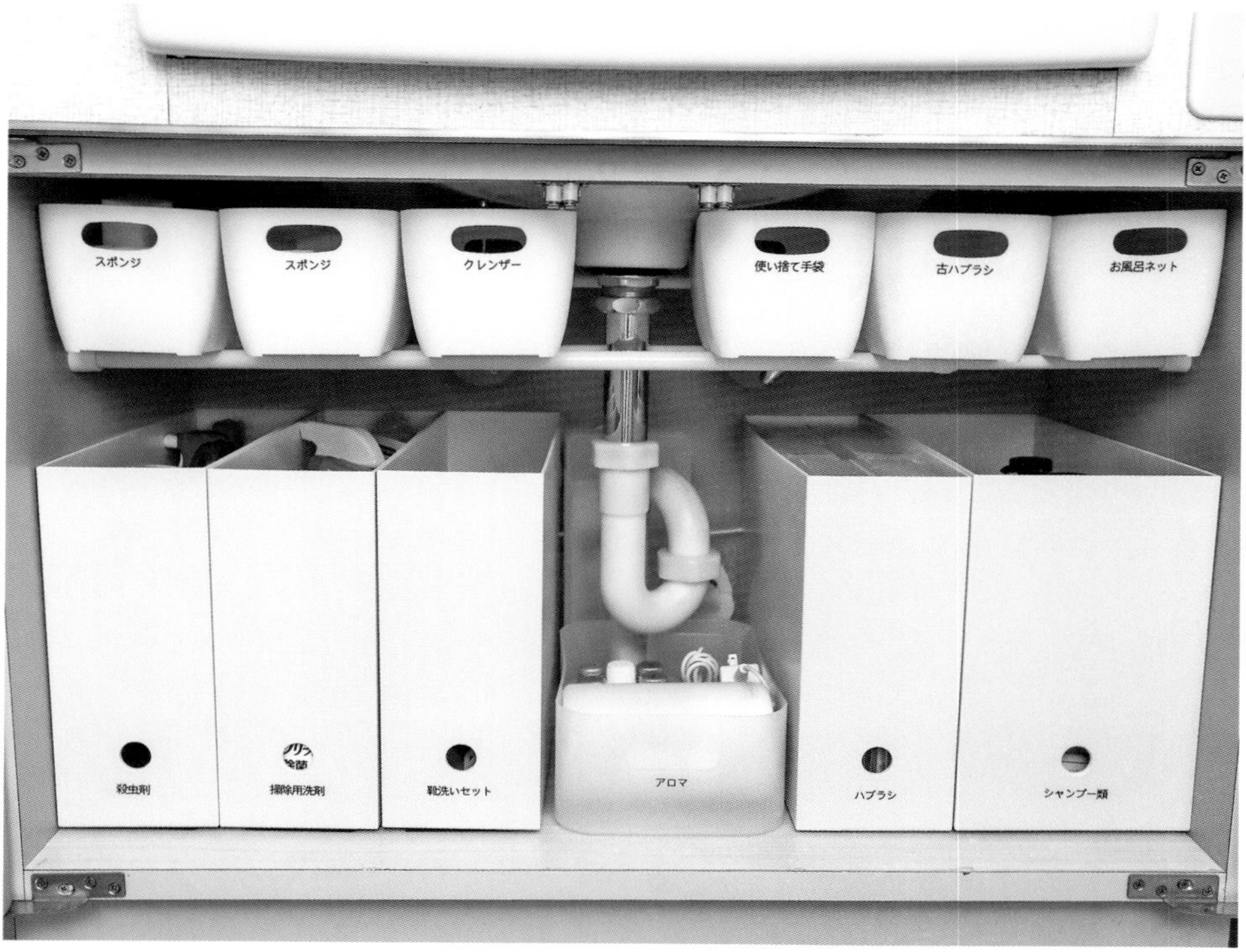

洗面台下は1ジャンル1ボックス収納

by Sachiko

我が家の洗面台下収納はここ数年このスタイル。Ｐ76で紹介したつっぱり棒テクニックで収納スペースを上段と下段に区切り、上段の収納はＳｅｒｉａの「カトレケース スリムＬ型」で統一。下段は無印良品のファイルボックスを数個用意し、洗剤、シャンプー類、殺虫剤、歯ブラシなどのストック品を、カテゴリーごとに収納しています。

どちらのケースも液だれしても洗いやすく、衛生的に使えるところがお気に入りの理由。ファイルボックスの底側に、ＤＡＩＳＯの「すべるキズ防止シール」を貼ると、重いモノを入れてもラクに引き出せて快適です。

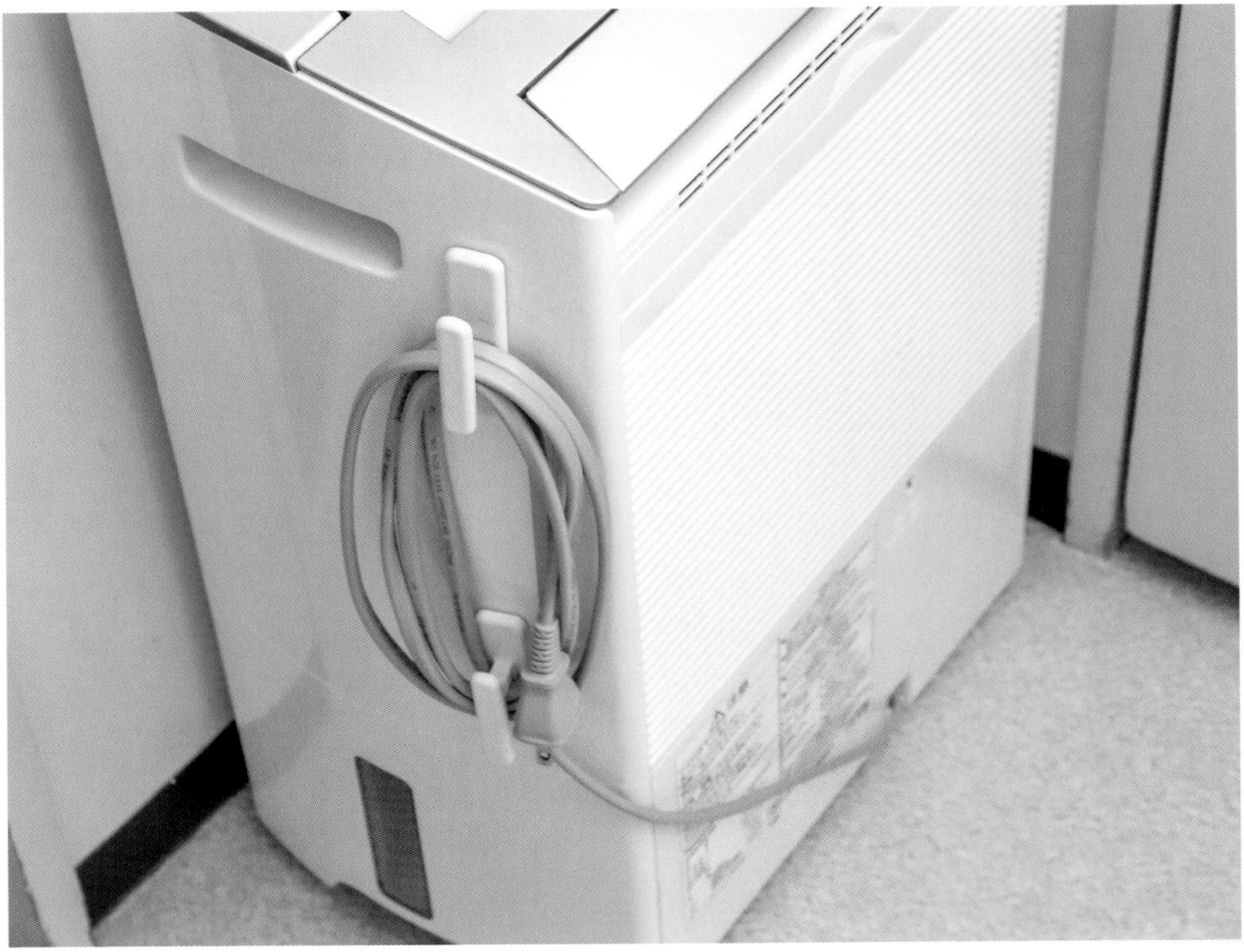

by **Sachiko**

フックでコードがスッキリ

洗面所に置いてある除湿機のコードが床にだら〜んとなっているのが気になっていたので、フックを縦に2つ取りつけてコードをまとめてみました。これだけで見た目がスッキリし、持ち運びしやすくなって掃除もラクになりました。

使ったのは粘着式のタッセルフック。普通の粘着式フックでもできますが、カーテンタッセル用のほうがコードをかける部分が長いので巻きやすいです。

とにかく**床にあるモノを少しでも浮かせると、日々の掃除がラクになって快適に過ごすことができますよ。**

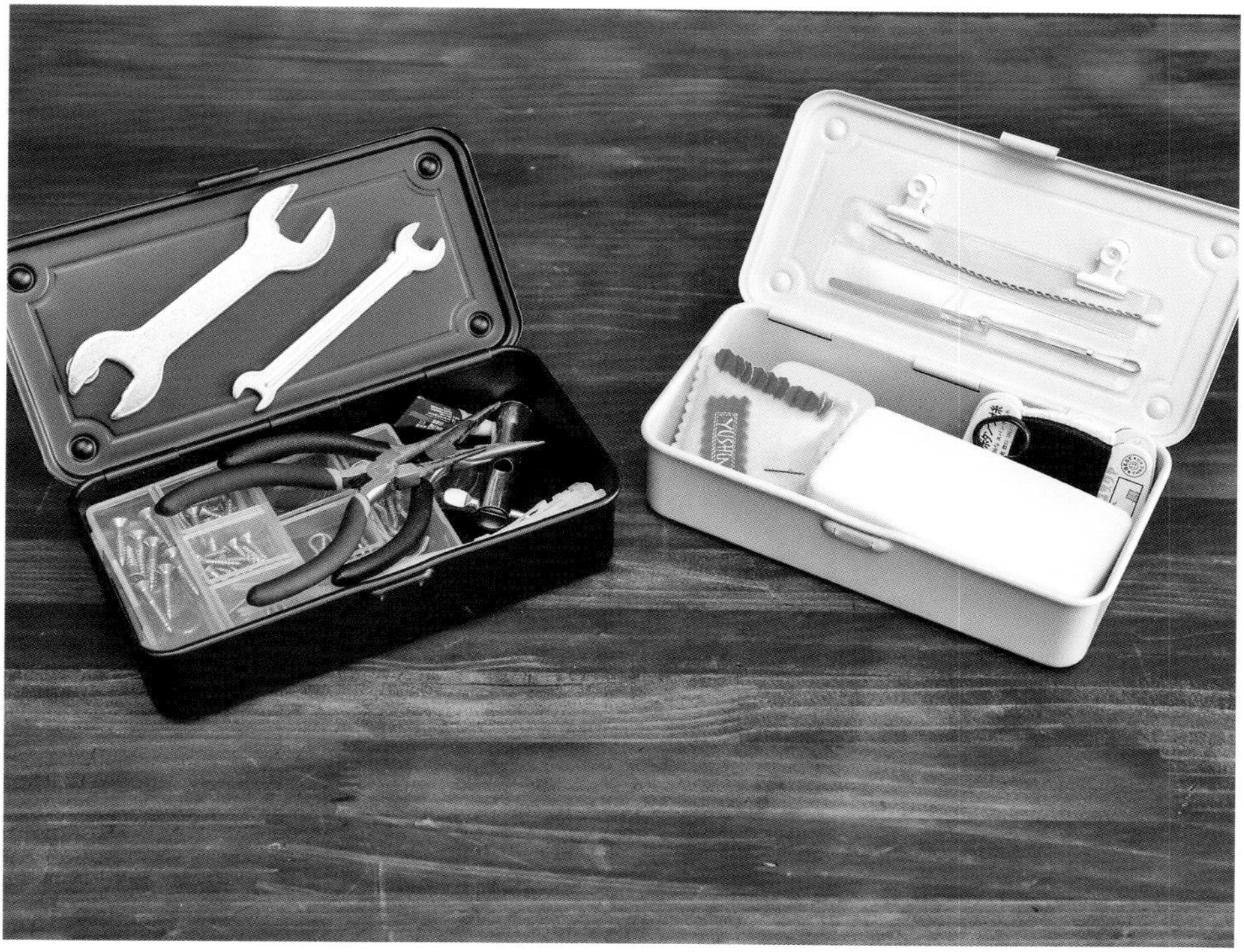

by Maho

工具箱のフタ裏も立派な収納スペース

我が家では工具や裁縫道具の収納にスチール工具箱（約幅20×奥行き11×高さ6㎝）を使っています。

「スチール製なら超強力マグネットがつくじゃん！」ということで、フタ部分も磁力を利用して収納スペースとして活用しています。

フタに超強力マグネットをつければ、金属製のスパナはそのままピタッとくっつきます。磁力に反応しないモノをしまう場合は、フタにマグネットつきクリップをつけて収納すればOK。ケースの中で迷子になりがちな小さいモノをフタにつけると、使いやすさがアップします。

Entrance

［玄関］

お客様がまず目にする玄関は、
いつでもスッキリとさせておきたいもの。
収納スペースは右の写真に写っている棚ひとつだけですが、
適正量を決めてそれ以上増やさないように心がけつつ、
収納方法を工夫することで、
十分余白を残すことができています。（幸子）

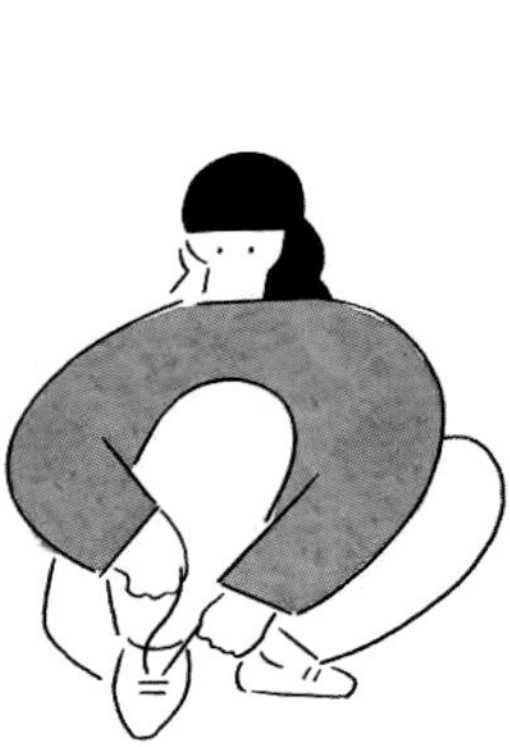

by **Sachiko**

シューズホルダーでデッドスペースを有効利用

定番商品のシューズホルダーは、スペースを有効活用するのに便利。デッドスペースになりがちな棚の仕切りの上部分を活用でき、収納力が2倍になる優れものです。ただし、頻繁に履く靴で使うのは少し面倒なので、我が家ではシーズンオフの靴の収納に使っています。棚の一番上はさらに高さがあるので、つっぱり棒を活用しています。

棚の上部は、つっぱり棒にフックつきのカゴをひっかけ、雨具などを入れるスペースにしています。

マスクケースは玄関扉に設置

by Maho

新型コロナウイルスの影響で外出時のマスクが必須となったため、マスクの収納を玄関に移動しました。これで、靴を履いた後に、「あっマスク！」と忘れたことに気がついて、部屋の中に戻ったりすることがなくなりました。**マスクは１００円ショップのプルアウトボックスに入れ、ケースの裏に超強力マグネットを貼って取りつけています。**

ケースのまま持ち運べるので、マスクを頻繁に使わない時期は、部屋のドレッサーに立てて収納しています。取り外しができるので詰め替えも簡単です。

by **Sachiko**

缶ストッカーが玄関で大活躍！

冷蔵庫内で缶の飲み物を収納するために発売されている100円ショップの缶ストッカー。取っ手つきで取り出しやすく、横置きだけでなく立てて収納することもできちゃいます。もちろん本来の用途で使ってもよいのですが、実はこれ、他にもいろいろな場所で使える便利アイテムなんです。

我が家では折りたたみ傘や撥水スプレーなどのスプレー缶をしまうのに使っています。収納する場所が1つずつ区切られているので、自然と収納するモノの量も決まります。キッチンで水筒などをしまうのにもピッタリのサイズです。

by Sachiko

超強力マグネットで印鑑をピタッ！

これまでの収納テクニックでも度々紹介している超強力マグネットですが、印鑑の収納にもおすすめです。

下駄箱にマグネット補助プレートを貼り、超強力マグネットをつけた印鑑を合わせれば、磁力でピタッとくっつきます。

これで、郵便物が届いたときに「あれ、印鑑どこに行ったかな？」とあわてる心配もありません。サイン派の人は、もちろん印鑑でなくペンを取りつけてもよいと思います。

マグネット補助プレートにラベルを貼っておけば、誰でも戻す場所がひと目でわかるので便利です。

Chapter 3

プチプラグッズでできる！ お悩み別 アイデア収納

Case 01

テレビ裏の配線のからまりをどうにかしたい！

ワイヤーネットを使えばスッキリします

テレビ裏の配線は、そのままだとごちゃごちゃになって見た目が悪いだけでなく、ほこりが溜まって掃除がしにくくなります。これをスッキリさせるために使うのがワイヤーネット。テレビ台の裏側にワイヤーネットを取りつけ、面テープでまとめたコードを結束バンドでワイヤーネットに固定。これだけで格段に掃除がしやすくなりますよ。

ワイヤーネットはいろいろなモノの収納に使えて便利です。カゴを取りつければ、ゲームのコントローラー収納にもピッタリです。

Before

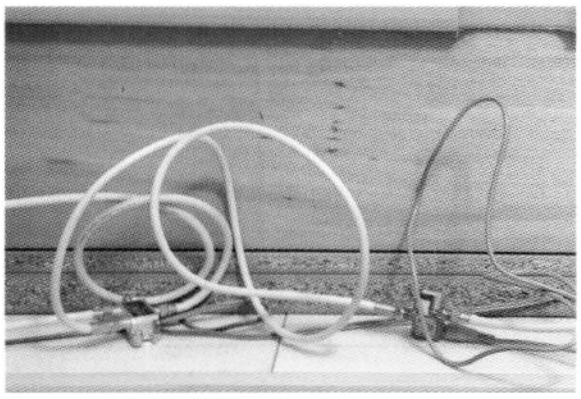

テレビやゲームなどの配線がごちゃごちゃしたまま、床にダラリと垂れ下がっている状態。これだとほこりが溜まりやすく掃除が大変です。

コレで解決！

ワイヤーネット
¥110

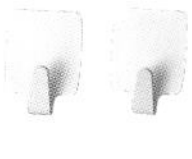

メタルミニフック
¥110

結束用面テープ６Ｐ
¥110

結束バンド
¥110

合計 **¥440**

全てさまざまな100円ショップで購入することができる商品ばかりなのでお手軽です。

STEP 1

ワイヤーネットをつける

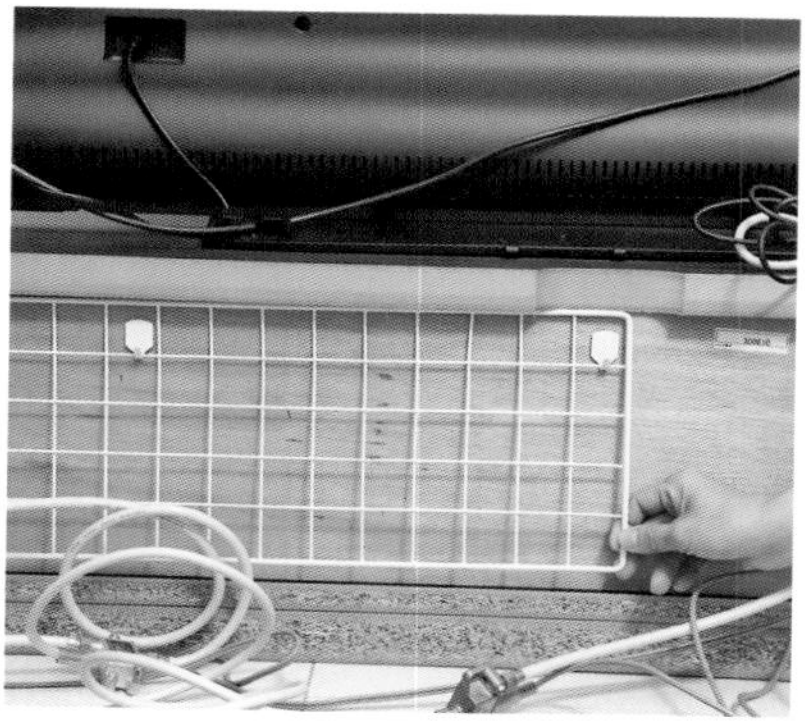

ワイヤーネットはテレビ台の高さに合わせたサイズを用意します。テレビ台の裏側にフックを取りつけてワイヤーネットをひっかけます。

STEP 2

コードをまとめる

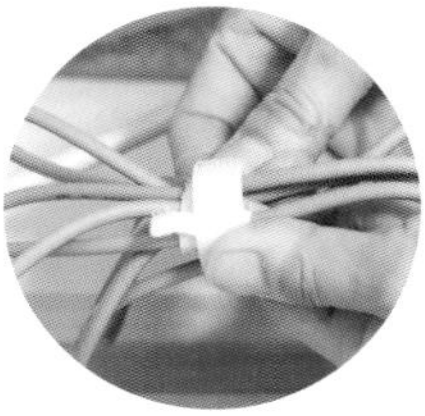

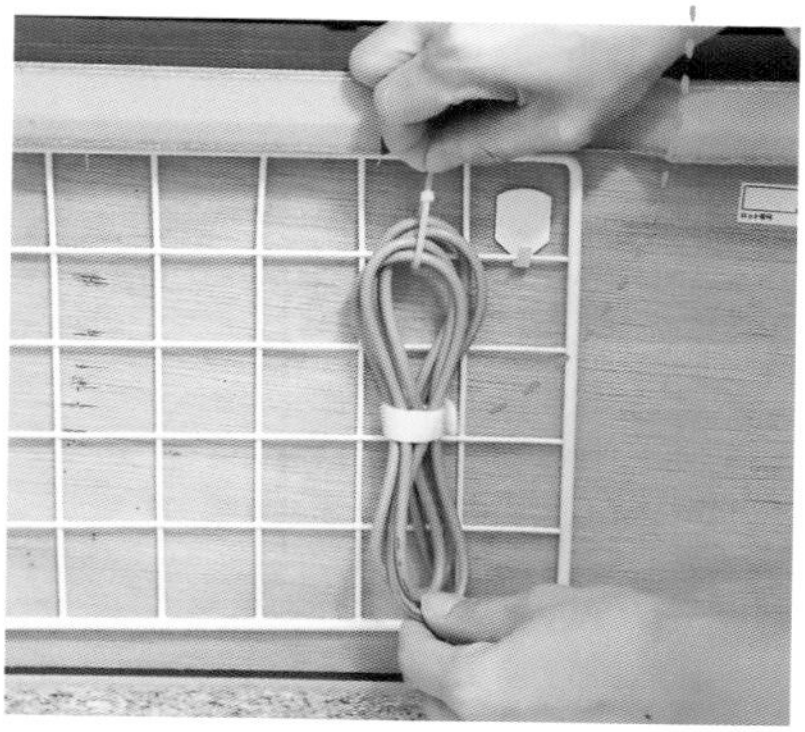

面テープでそれぞれのコードを床につかない適度な長さにまとめます。

After

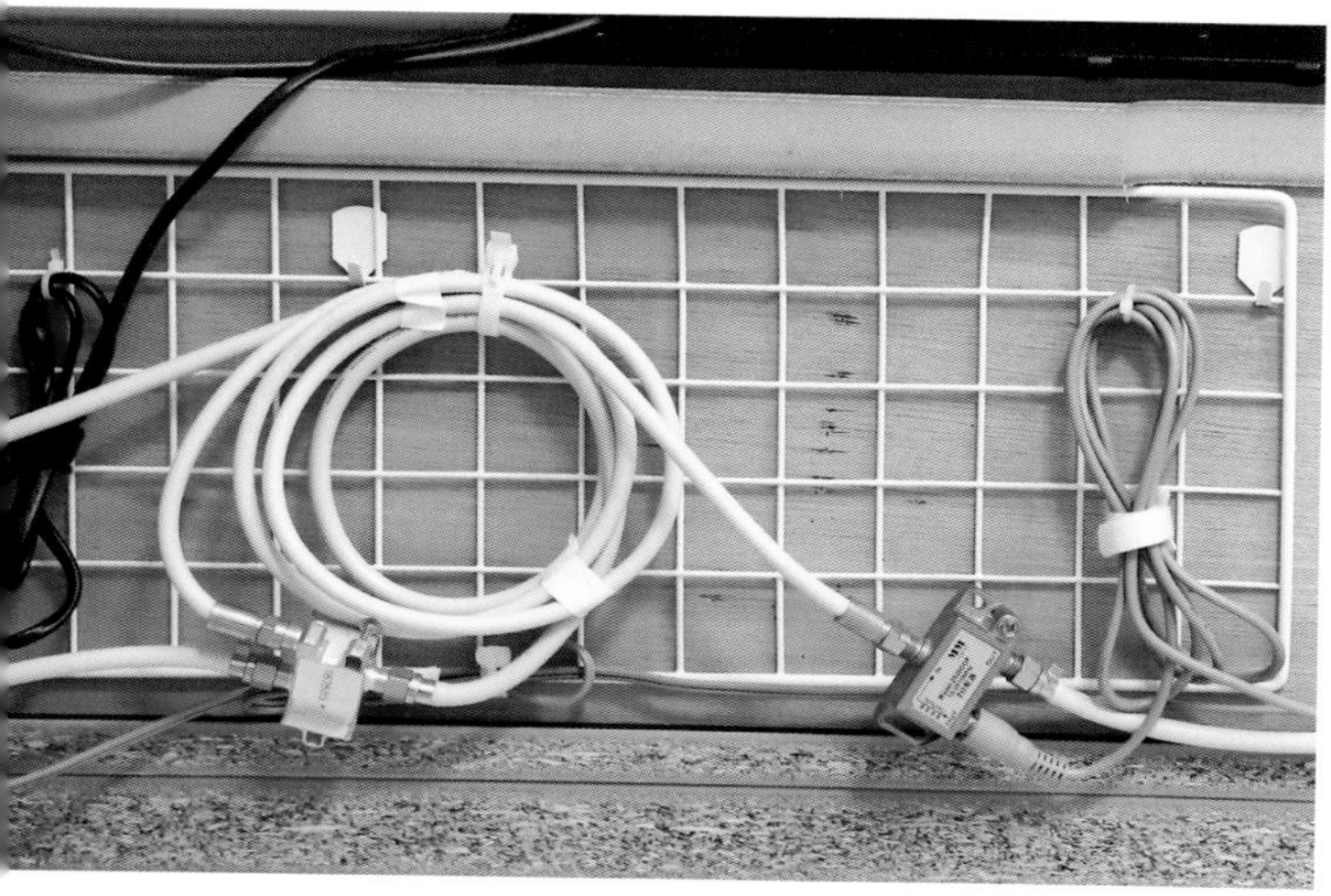

STEP 3

全て取りつける

まとめたコードをワイヤーネットに結束バンドで固定します。コードが床につかないので掃除もしやすくなります。

Case 02

ヘアピンをなくさないための収納法を教えて！

マグネットテープを使って
鏡の裏を収納スペースに

ヘアピンなどのヘアアクセサリーを使ったあと、洗面所や机の上などに置いたままにしていたら、いつの間にかなくなってしまったというお悩みをよく聞きます。その原因は収納場所がしまいにくい場所にあるから。

そこでおすすめなのが、洗面所の鏡裏やドレッサー内などを使った収納テクニックです。マグネットテープを鏡の裏に貼れば、ヘアピンがピタッとくっつきます。鏡裏は収納スペースに最適なので、フックをつけてヘアゴムやアクセサリーをかけてもいいですよ。

Before

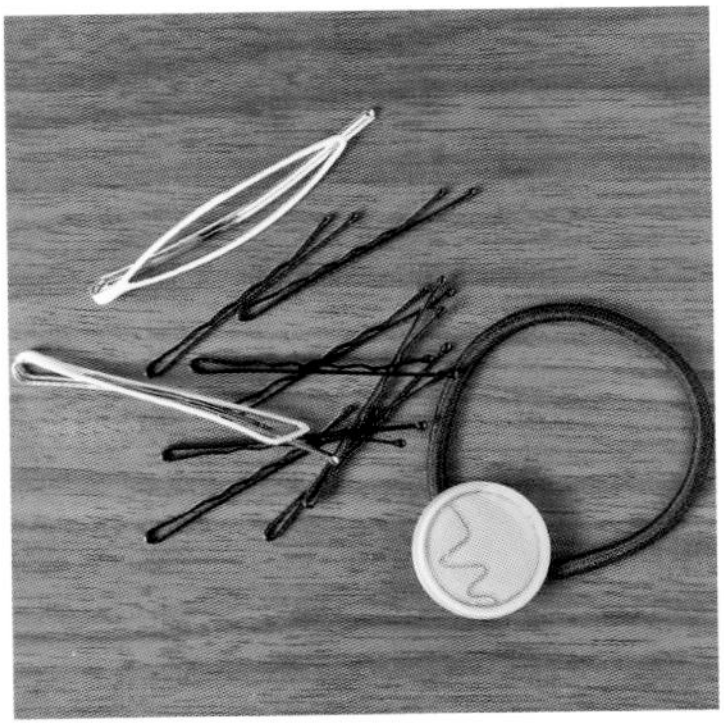

ヘアピンが机の上に散乱！　片づけなければいけないことはわかっていても、疲れているとついそのまま机の上に置きっぱなしにしてしまいがちです。

コレで解決！

マグネットテープ
幅20㎝×長さ1.5m
(DAISO)
¥110

マスキングテープ
¥110

合計 ¥220

マグネットテープは片面粘着タイプを使っています。マスキングテープはお好みのモノを使ってください。

STEP 1

マグネットテープを切る

マグネットテープをカットし、見た目がかわいくなるように、好みのマスキングテープを貼ります。

STEP 2

鏡裏に貼る

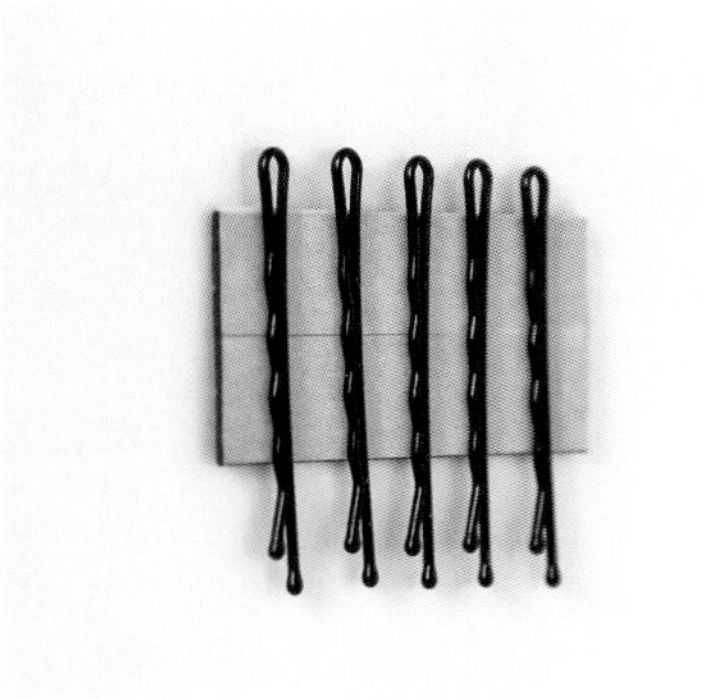

ドレッサー内や鏡裏にマグネットテープを貼ります。マグネットにヘアピンがくっつくので、取り外すのも戻すのも簡単！

After

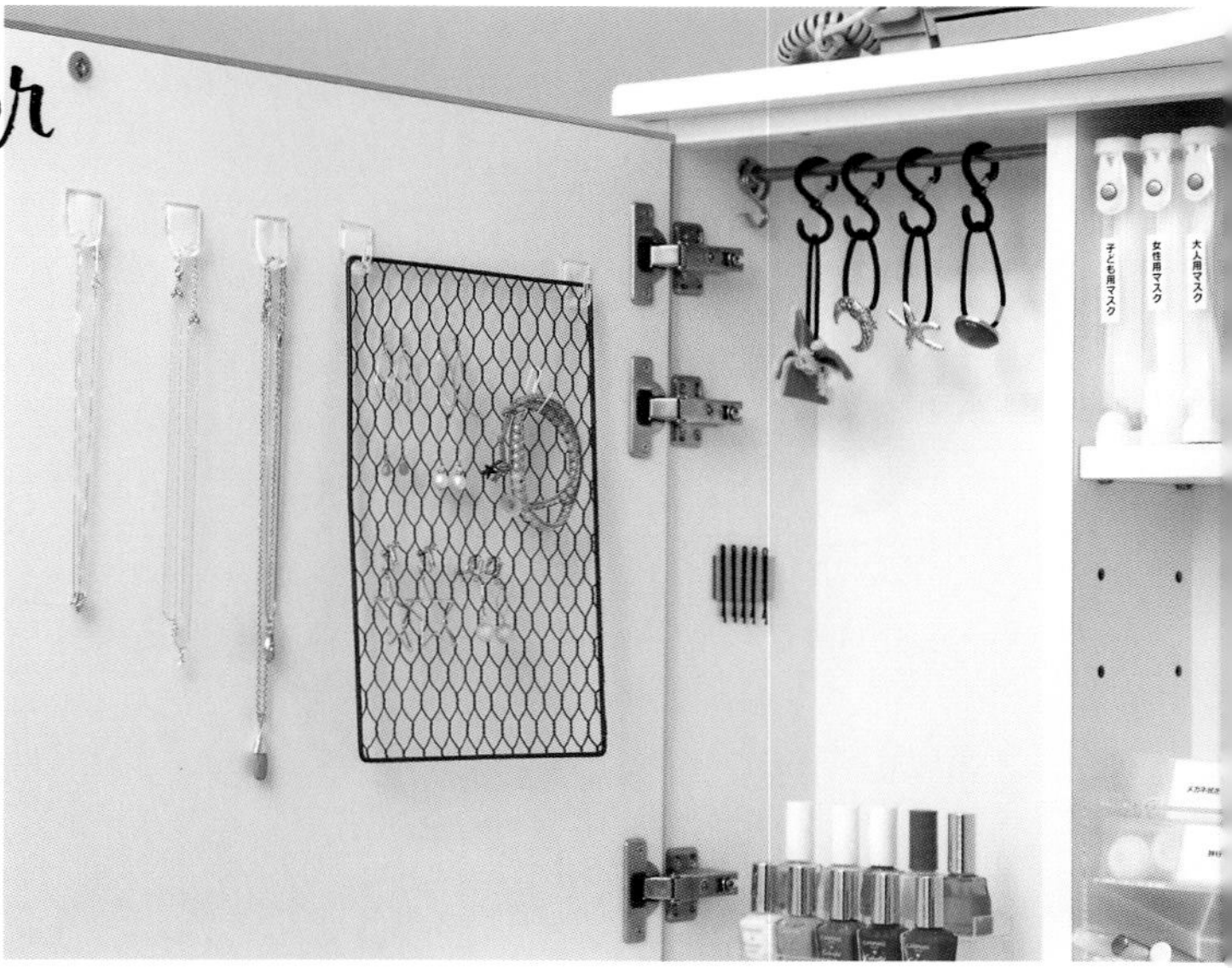

STEP 3

ヘアピン以外の収納技と合わせて活用

鏡裏にフックを取りつけたり、フックにワイヤーネットをかけて吊り下げ収納にしても便利です。

Case 03

／ネット通販のダンボールの山がとにかく邪魔！

KEYUCAのダンボールストッカーが便利です

近年はネットショッピングの機会が増え、ダンボールが溜まってしまう人も多いのではないでしょうか？　ダンボールストッカーがあれば、折りたたんだ後さっと立てて収納できるので、スペースも取らず見た目もスッキリ。

おすすめはKEYUCAのダンボールストッカー。奥行き15㎝と小さめなので、棚と棚の間やゴミ箱の横など、ちょっとしたスペースにすっぽり収まります。下からひもを回して結ぶことができるのもポイント。ひもやハサミなどを一緒にしまえるのも便利です。

Before

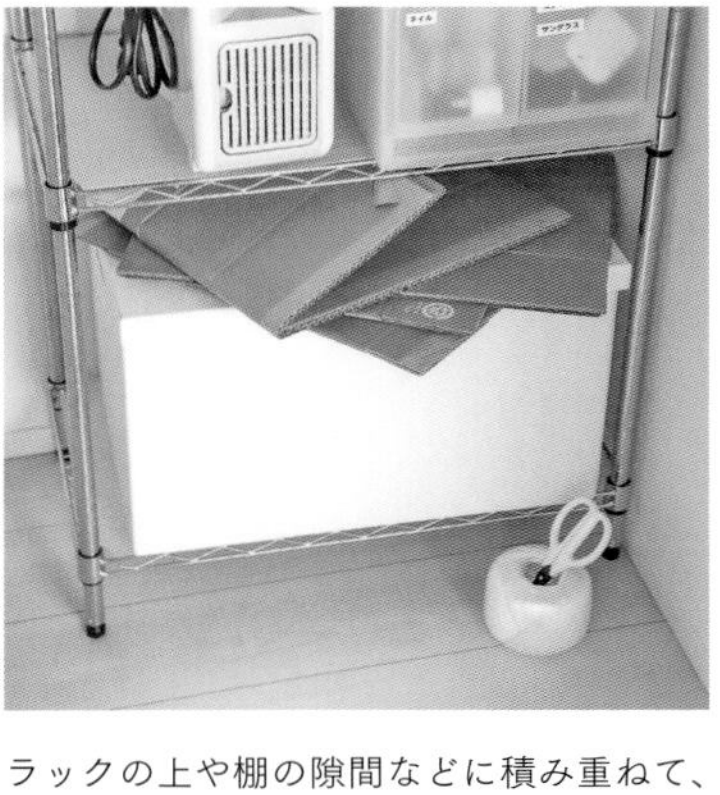

ラックの上や棚の隙間などに積み重ねて、ごちゃごちゃした印象に。ダンボールが増えてくると崩れてきてしまうことも……。

コレで解決！

スリムにまとまる
ダンボールストッカー - WH
(KEYUCA) ¥4,279

合計 **¥4,279**

奥行きが15㎝と狭く、隙間を活かせるのが最大の魅力。たたんだダンボール箱が約10枚入ります。キャスターつきなのも便利！

捨てるときは

ストッカーに立てておいたダンボールの下にひもを通します。

◁

そのまま上で結びます。向きを変えて同じようにすれば十字に結ぶことができます。

◁

完成

After

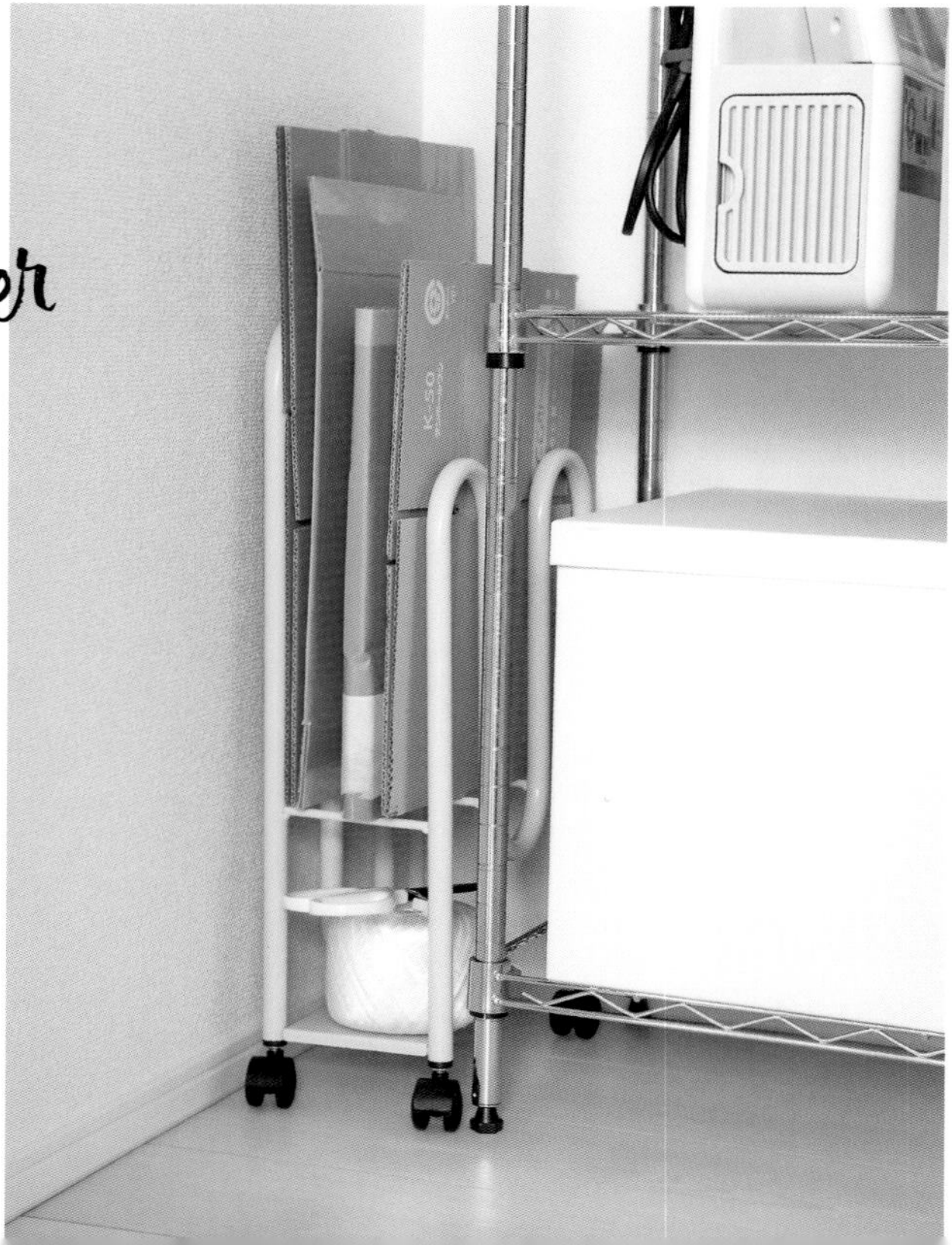

隙間にスッキリ

KEYUCAの「スリムにまとまるダンボールストッカー」なら、ちょっとした隙間に収まります。ひもやハサミが置けるスペースがあるところもお気に入り。

Case 04

洋服をキレイにたたんでも、出し入れの間に崩れてしまう

洋服をキレイにたたんで収納したはずなのに、出し入れをしている間にぐちゃぐちゃになってしまう。こうなってしまう原因は、衣装ケースに対して洋服が多いことです。洋服の数を減らして7〜8割になるように見直してみましょう。

また、1枚でも自立するたたみ方にすると、倒れることもなく、キレイな状態がキープできます。

学校でも、友人に体操服（Tシャツ）のたたみ方を教えたら大好評でした！

Before

たたんだ衣類を立てて収納すると、見やすく取り出しやすいものの、洋服が減ってきたときに倒れてしまうことも……。

After

たたみ方① パーカ

STEP 1

袖をたたむ

前身頃を上にして広げ、両袖を内側にたたみます。

STEP 2

脇から折りたたむ

フードのつけ根のラインに沿って、片方の身頃の脇を中心に向かってたたみます。反対側も同様に、中心に向かってたたみます。

STEP 3

三等分にして折りたたむ

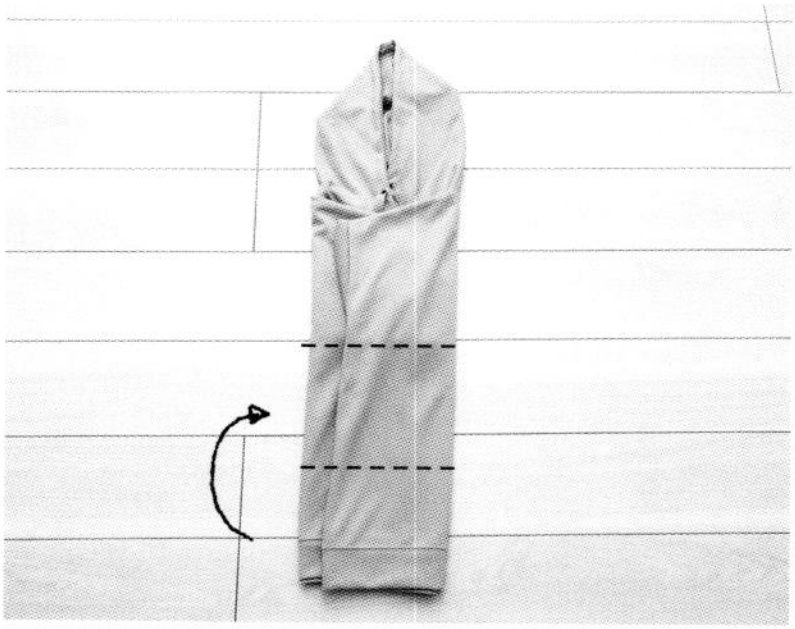

縦三等分になるように下から折りたたみます。

STEP 4

身頃をフードに入れる

最後は、身頃をフードの中に入れると自立します。

たたみ方②

半袖Tシャツ

STEP 1

片側の脇をたたむ

襟ぐりの外側のラインを両手で持ちます。

STEP 2

縦半分にたたむ

STEP1 で持った部分を重ね合わせるようにして、縦半分にたたみます。

STEP 3

反対側も襟ぐりのラインでたたむ

反対側も襟ぐりの外側のラインでたたむように意識して床の上に置きます。

STEP 4

2つ折りにすると自立する

半分にたたむと自立します。慣れると数秒でたためるのでおすすめです。

たたみ方③　インナー

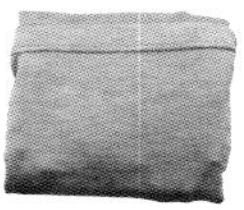

STEP 1

身頃が1/3の幅になるようにたたむ

身頃の片側から1/3の幅になるようにたたみます。

STEP 2

袖を下にたたむ

STEP1で折った片側の袖を下に折り曲げます。脇のラインが揃うように折るとキレイに仕上がります。

STEP 3

反対側も同じようにたたむ

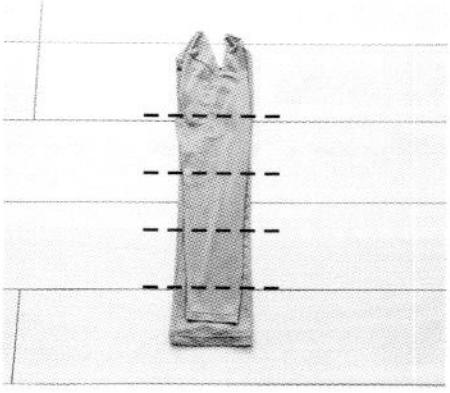

反対側の身頃もSTEP1 ～ STEP2と同じようにたたみます。

STEP 4

縦にたたむ

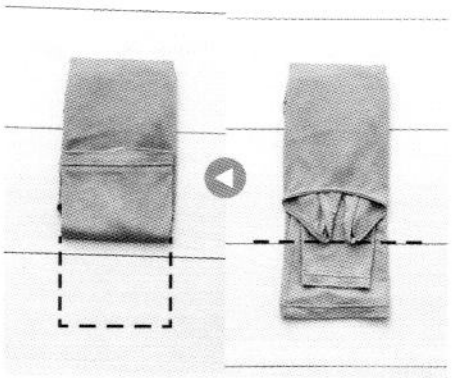

首から下に向かって2/5の位置で下にたたんだ後、下から1/5の位置で上にたたみます。

STEP 5

上からたたんで裾に入れ込む

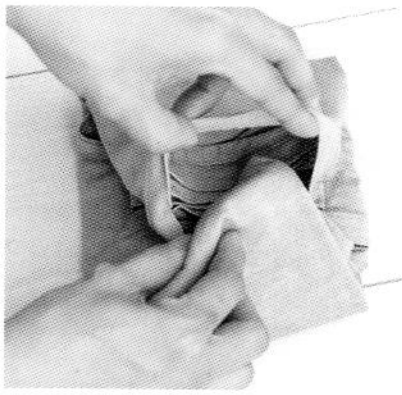

上から半分にたたんで、ポケット状になっている裾部分に入れ込みます。

STEP 6

立たせて収納する

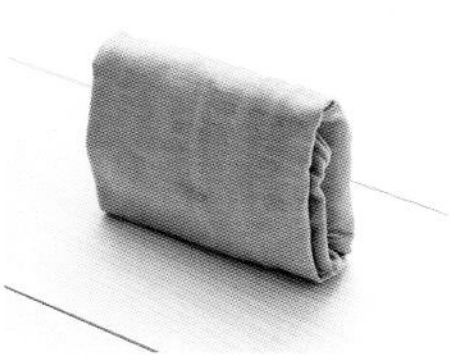

自立するので、ケースに立てて収納しても崩れません。

Case 05

ハンガーラックがいっぱいで使いにくい！

色別チップで格段に見やすくできます

ラックに対して衣類をめいっぱい詰め込むと、取り出しにくくなってしまうので、適正量を見直すことが大切です。また、家族でハンガーラックを共有していると、モノの定位置が定まらず、それぞれの衣類が混ざりやすくなります。我が家ではハンガーにカラーチップのタグをつけ、ひと目で誰のモノかわかるようにしています。さらにコードクリップに衣類のカテゴリーのラベルをつけておくと、衣類の居場所がひと目でわかり、元の位置に戻しやすくなります。

Before

一見スッキリと片づいているように見えますが、パッと見ただけでは誰のモノがどこにあるのかわかりにくく、出し入れがしにくい状態です。

コレで解決！

かんたんコードクリップ
(2個入り) (Seria)
¥110×4個

マスキングテープ
¥110×3個

ペーパーストロー
(DAISO)
¥110

合計 **¥880**

コードクリップは必要なカテゴリーの数だけ、マスキングテープは家族の人数分用意を。マスキングテープは色がはっきりしていて細めのタイプがおすすめ。

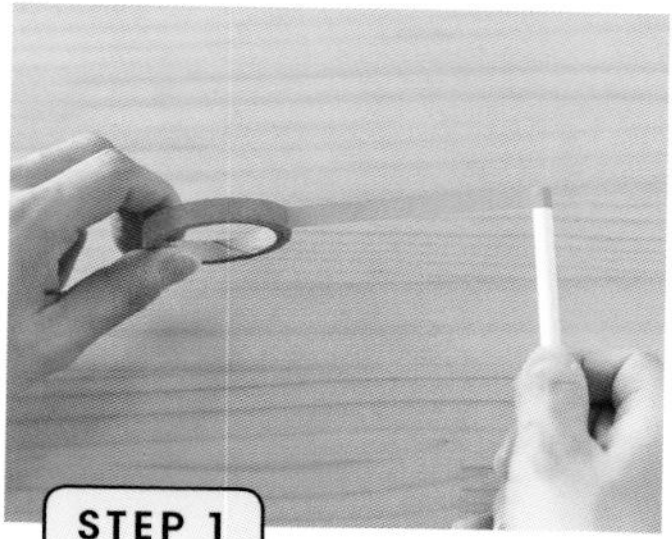

STEP 1

ストローにマスキングテープを貼る

ペーパーストローにテーマカラーのマスキングテープを貼ります。色が薄い場合は、数回巻くと色がはっきりと出ます。

STEP 2

カットする

マスキングテープの幅でペーパーストローをカットします。

STEP 3

人数分の種類のチップをつくる

家族全員分のカラーのチップをつくり、ハンガーに取りつけて使います。

これもおすすめ!

ハンガーパイプが太くてコードクリップがつけられないときは、PP（ポリプロピレン）シートをカットしてつくった手づくりのタグが便利です。長方形にカットしたPPシートを、写真のようにハンガーパイプの太さに合わせてカットし、ラベルを貼って完成。

After

ブルーは夫、イエローは私、ピンクは娘というようにそれぞれのテーマカラーのチップをハンガーに取りつければ一目瞭然。コードクリップにラベルをつけて「ワイシャツ」「ジャケット」などと衣類を分けています。

Case 06

ケースの中をスッキリさせたい！

ブックエンドが仕切りとして大活躍！

私と母の必須アイテムでもあるブックエンドは、仕切りとしていろいろな使い方ができます。100円ショップでさまざまな種類が販売されていますが、シンプルでサイズ展開が豊富なDAISOのモノを愛用しています。

複数のブックエンドを組み合わせるとき、マグネットテープを貼りつけると幅を調節できる仕切りになるので、ケースや冷蔵庫などの中でピッタリと合う収納がつくれます。使わなくなったら、マグネットテープをはがせば簡単に元に戻すこともできます。

Before

とりあえずケースの中にお弁当箱やクロスを入れた状態。このままでもダメではないですが、できればもう少しスッキリと分けたいところです。

コレで解決！

ブックエンド
(DAISO)
¥110×2個

マグネットテープ
幅20㎜×長さ1.5m
(DAISO)
¥110

合計 **¥330**

DAISOのブックエンドはシンプルでサイズ展開が豊富なので便利。基本のコの字型の場合、必要なブックエンドの数は2枚。必要な数だけ用意をしてください。

STEP 1

マグネットテープを貼る

片面に粘着テープがついたタイプのマグネットテープを、ブックエンドの２ヶ所に貼りつけます。

STEP 2

ブックエンドを組み合わせる

２つのブックエンドをコの字型になるように組み合わせます。

STEP 3

仕切る

コの字型にしてケースの中での仕切りに。もっと広い幅の仕切りが必要なら左右に広げられます。コの字ラックとしても使えます。

After

まだまだある **ブックエンド活用法**

伸縮
自由自在

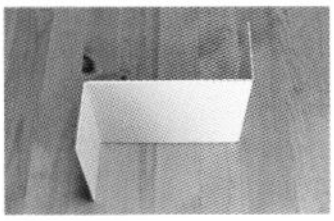

▽

Z型

ブックエンドの長い面の2ヶ所にマグネットテープを貼ります。2つのブックエンドをZ型になるように組み合わせれば、伸縮自在な仕切りの完成です。

大きめケースの仕切りに最適!

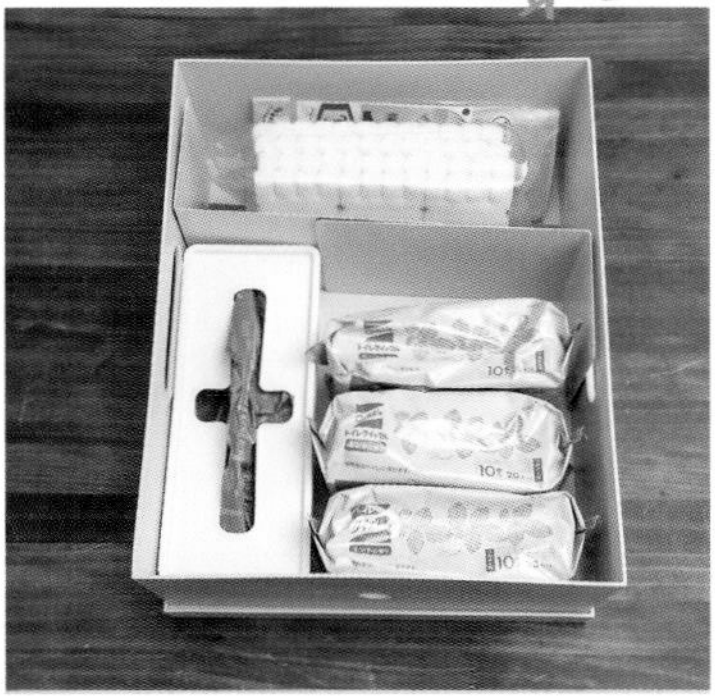

引き出しなどの中での仕切りにとても便利。ケースの大きさや仕切りたいモノのサイズに合わせて伸縮させて使います。

U型

ブックエンドの短いほうにマグネットテープを貼って2つのブックエンドを組み合わせます。本やファイルなど背の高いモノを仕切るときは大きめサイズを使います。

本が崩れにくくなる!

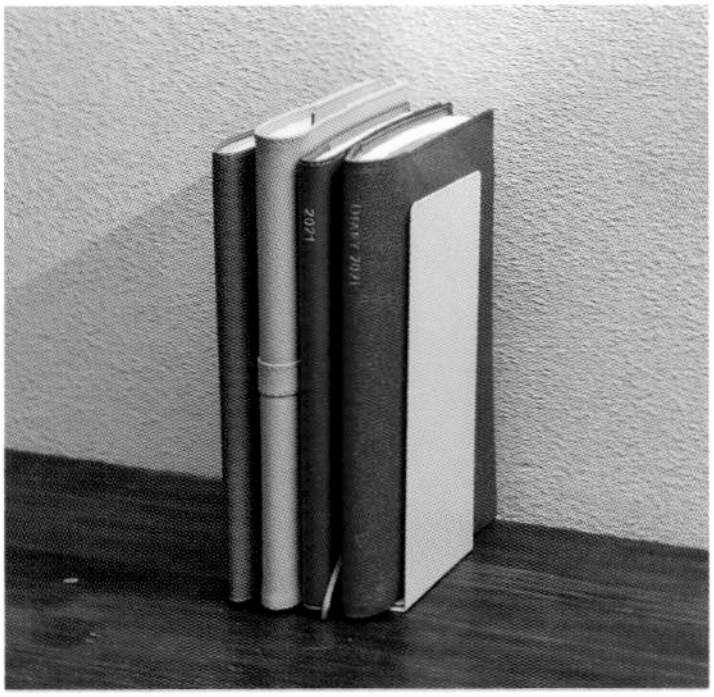

左右と下からしっかり囲うことで補強されるので、本などを立てかけたときに崩れにくくなります。

2段型

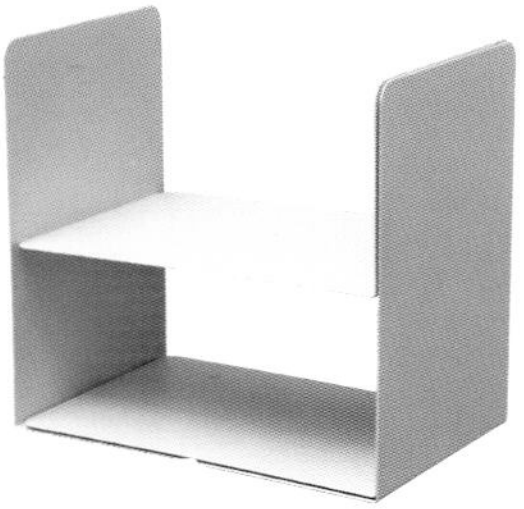

マグネットテープを貼ったブックエンドを4個組み合わせて2段に。細かく仕切りたいときに便利です。冷凍庫で使う場合は、大きめのブックエンドを合わせて使っています。

↓冷凍食品の収納に

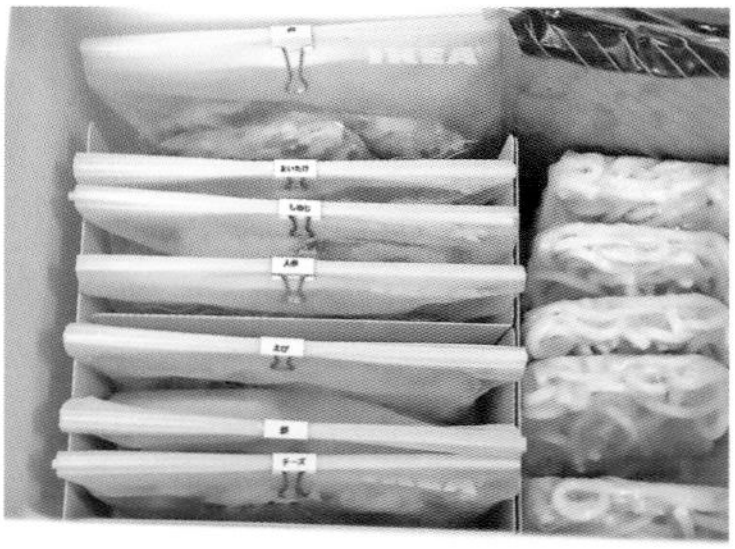

冷凍庫の中でチャックつき袋に入れた食材をコンパクトに立てて収納。金属のブックエンドは冷えやすく、冷凍庫に最適です。

T型

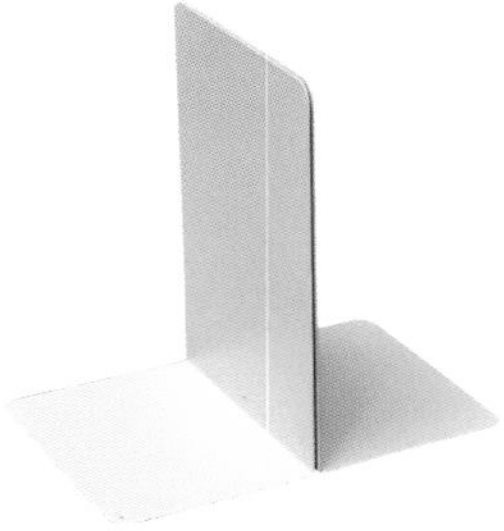

ブックエンドの長いほうにマグネットテープを貼って、2つのブックエンドをT字に。本来のブックエンドと同じ向きで使いますが、1枚で使うよりも補強効果が高くなります。

↓大きくて重いモノの崩れ防止に

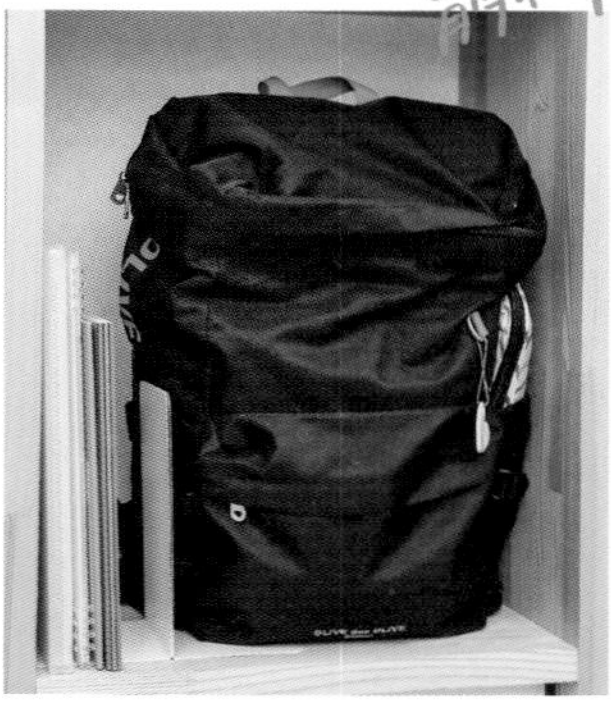

辞典などの大きな本はもちろん、中身がずっしり入ったカバンなどが倒れたり崩れてきたりするのを防止できます。

Case 07

溜まってしまう書類を見やすく収納する方法は？

ラベルを色分けして見やすく分類を

デジタル化が進んでも、仕事の書類や子どもの学校関係のお知らせなど、紙の書類はまだまだたくさん。クリアホルダーに入れている人は多いと思いますが、それだけではごちゃごちゃになってしまいます。

私ははがせるラベルシールに蛍光マーカーを使って色別に分けています。仕事はピンク、子ども関係は黄色などのようにカテゴリーごとに色分けし、日付を記入して仕分け。はがせるシールなら必要がなくなったらはがしてクリアホルダーを再利用できます。

Before

クリアホルダーに書類を入れているものの、分類をしていないので使いづらくなってしまっています。ファイルボックスに入れると、何がどの書類だかまったくわかりません。

コレで解決！

A4クリアホルダー
¥110

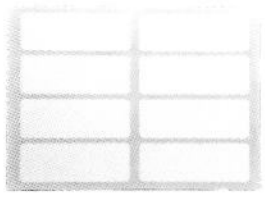

はがせる
ラベルシール
¥110

合計 **¥220**

はがせるラベルシールは、クリアホルダーを汚さずに貼り替えられて便利。クリアホルダーは多くの100円ショップで販売されているので、お好きなモノを使ってください。

STEP 1

ラベルシールで分類する

はがせるラベルシールのフチに蛍光マーカーで色をつけて、中には日付を書き込みます。左側を広めに塗っておくのがポイント。

STEP 2

クリアホルダーに貼る

クリアホルダーの左上角にラベルシールを貼ります。このとき左端を少しだけ裏側へ折って貼り、背面からも色で区別ができるようにします。

After

STEP 3

ファイルボックスなどにしまう

ファイルボックスなどに、日付順に並べて入れます。背面からでも色が見えるので、カテゴリーがひと目でわかるのがうれしい！

Case 08

子どものおもちゃが片づかない！

子どもと一緒に片づけられるしくみを

子どものおもちゃ収納は、子ども自身が片づけやすいしくみをつくることが大切です。基本は1アクションまで（P33参照）。フタのない収納ボックスに入れるのが理想です。さらに小さな子どもはおもちゃを広げる範囲が広いので、キャスターつきにすると便利。

そこで私が考えたのが、収納ボックスを車に見立てたキャスターつきケース。キャスター部分にタイヤの紙を貼り、前面にひもをつけてひっぱりながら片づけができます。乗り物好きな男の子には特に喜ばれると思いますよ。

Before

統一感のないケース２つにおもちゃがとりあえずしまわれている状態。フタつきケースの上にぬいぐるみが置かれているので、子どもたちだけでは片づけがしにくくなってしまっています。

コレで解決！

コードフック
¥110

収納ボックス
¥110

キャスター
30㎜２P入り
¥110×２個

綿ロープ
（太さ約4㎜）
¥110

合計 **¥550**

いずれも100円ショップで購入。ひもは太すぎるとコードフックに入らないので、ここでは太さ約4㎜の綿ロープを使用します。

STEP 1

キャスターをつける

収納ボックスの底に両面テープでキャスターをつけます。マスキングテープで補強して取れにくくしています。

◁

STEP 2

タイヤの紙を貼る

タイヤのイラストのフリー素材などをプリントして厚紙を貼って補強。キャスターが隠れるように両面テープやボンドなどで貼ります。

STEP 3

コードフックをつける

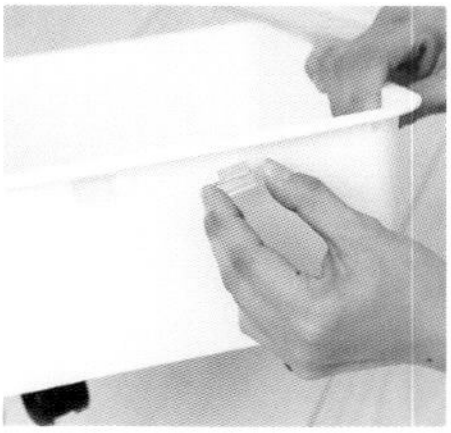

粘着テープつきのコードフックをボックスの前面に2つ取りつけます。

◁

STEP 4

ひもを取りつける

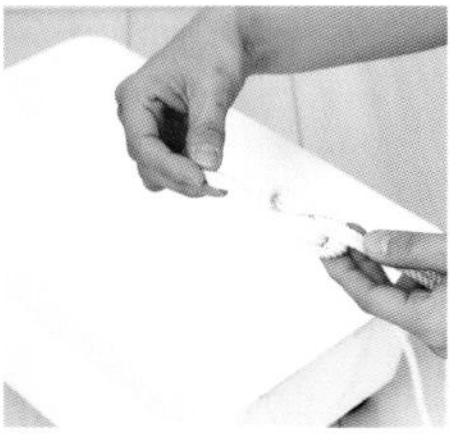

綿ロープをコードフックに通して、両端を結びます。

After

STEP 5

おもちゃを入れる

収納ボックスにおもちゃを入れます。ひっぱりながら楽しく片づけができます。2つのボックスを連結して電車風にしても楽しい！

お片づけって楽しい〜♪

Case 09

玄関にあふれている外遊びグッズをどうにかしたい

園芸用のプランタースタンドで専用スペースを

ボールやなわとびのなわなど、何かと増えていく外遊びグッズは玄関でごちゃごちゃしがち。家族みんながわかる定位置を、きちんとつくってあげることが大切です。

ボール収納でおすすめなのが、100円ショップにもあるプランタースタンド。これがボールを置くのにちょうどいい大きさなんです。サッカーボールをスタンドの上に、下にはシューズを置けばサッカーセットの定位置に。またワイヤーネットを取りつけ、フックで吊り下げ収納にすればスッキリします。

コレで解決！

結束バンド
¥110

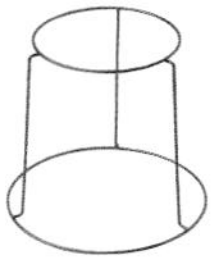

ポールプランタースタンド(Seria)
¥110

ワイヤーネット
¥110

つっぱり棒
¥110

(左)ワイヤーフック9㎝2P
¥110×2個
(右)シングル3P ¥110

合計 **¥770**

ワイヤーフックは、バットなどをかけるときは、フック部分が長い9㎝タイプ、なわなどをかけるときはシングルタイプが便利です。その他のモノはお好きな100円ショップで購入してください。

Before

玄関のたたきにそのまま置かれたボールやバットなど。定位置が決まっていないので散乱しがち。床にモノがたくさんあるので、掃除がしにくいのも難点です。

STEP 1

つっぱり棒にワイヤーネットをつける

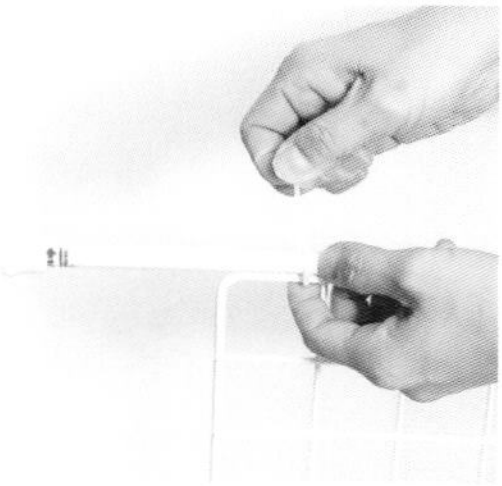

つっぱり棒に結束バンドでワイヤーネットを固定します。つっぱれるスペースがない場合は、フックをつけて壁に取りつけてもいいと思います。

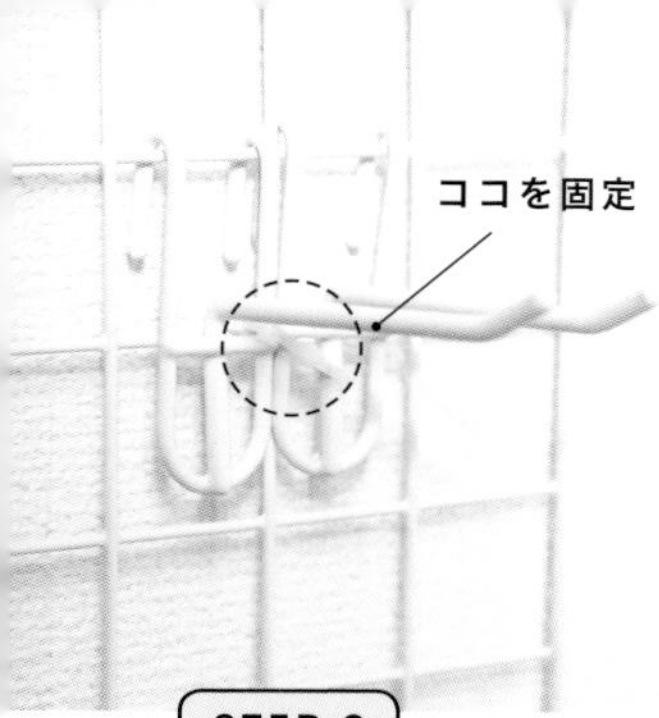

STEP 2

フックをかける

ワイヤーネット用のフックをつけます。バット用には2個のフックをグリップ部分がひっかかる幅に取りつけ、結束バンドでずれないように固定します。

After

STEP 3

ボールはプランタースタンドへ、なわやバットは吊り下げ収納

プランタースタンドの上はサッカーボールを置くのにピッタリ。下にシューズを置いてサッカーセットに。バットやなわ、空気入れなどはネットに吊り下げれば取り出しやすく、元に戻しやすくなります。

Case 10

ぬいぐるみや人形の置き場所に悩んでしまう……

ブランコ型収納で かわいくディスプレイを

ぬいぐるみはボックスに入れてしまうと遊ばなくなるし、そのまま置いておくと掃除の邪魔になったりと、意外に置き場所に悩みます。そこでどうせならかわいく見せる収納にチェンジしてしまいましょう。

イチオシはブランコ収納。パンチングボードにひもを通しただけのブランコにぬいぐるみをのせて、ハンガーラックに吊るしたり、天井から吊るしたり。ひもの長さで高さを調節できます。ぬいぐるみがブランコを漕いでいるようですごくかわいいですよ。

Before
ボクの居場所を
決めてほしいな

置き場所がなくて、他のおもちゃと一緒に部屋の隅に置かれていることも多いぬいぐるみ。これでは子どもが興味をなくしてしまい、ただただ置かれているだけになってしまうことも……。

コレで解決！

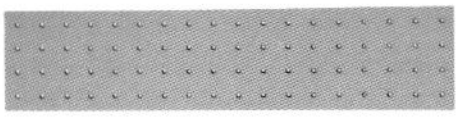

パンチングボード ¥110

綿ロープ(太さ約4㎜)
¥110

合計 **¥220**

壁かけアイテムとして使うことが多いパンチングボードを、ブランコとして使用しています。

STEP 1

ひもを通す

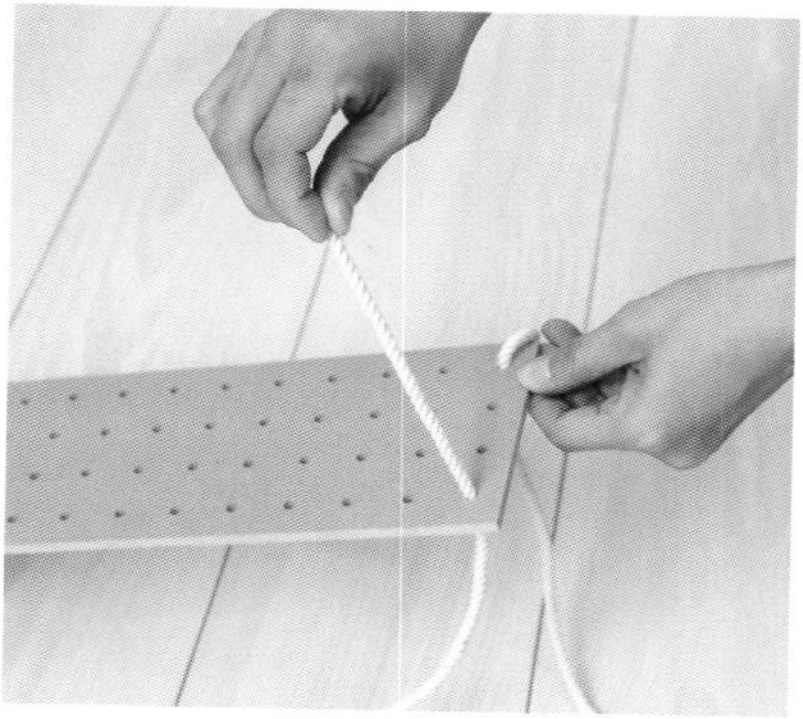

細長いパンチングボードの端に綿ロープを通します。長さはつくりたいブランコの高さに調節してください。

※ひもが子どもの首などにひっかからないよう注意してください。

STEP 2

ひもを結ぶ

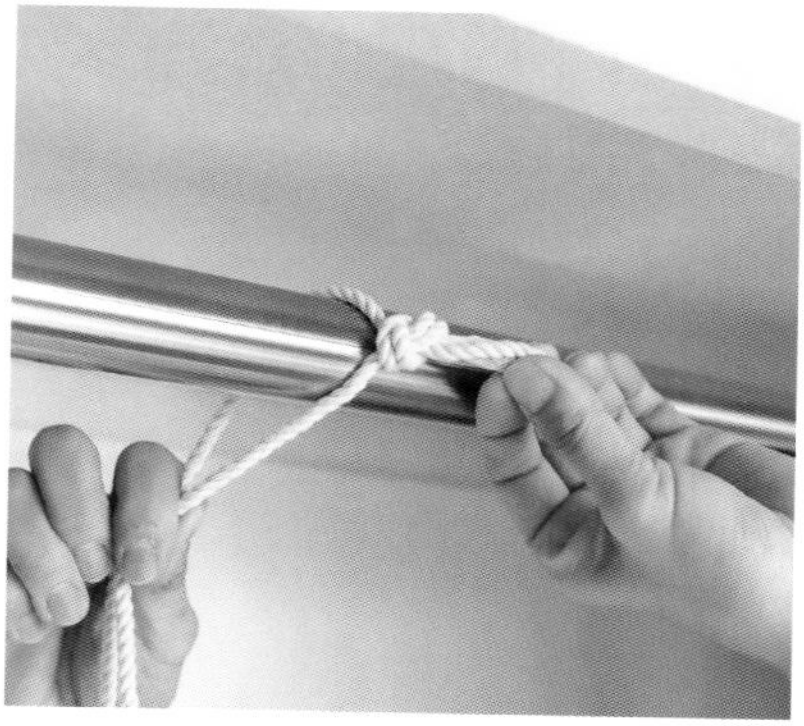

ブランコを取りつけたいところに綿ロープをかけて両端をしっかり結びます。パンチングボードのもう一方の端も同様にします。

After

STEP 3

ぬいぐるみを飾る

ぬいぐるみをのせれば完成！ ハンギングフックを取りつけて吊るしたり、ピクチャーレールに取りつけることもできます。

収納テクニック

私たちがこれまでInstagramに投稿してきた収納方法の中でも、
特に役に立ったという声の多かった収納テクニックをご紹介します。
日々のプチストレスが消えるだけで、
毎日気持ちよく過ごすことができるようになりますよ。(幸子)

他にもまだまだ
いろいろあります！

リモコンが行方不明になるのをなんとかしたい

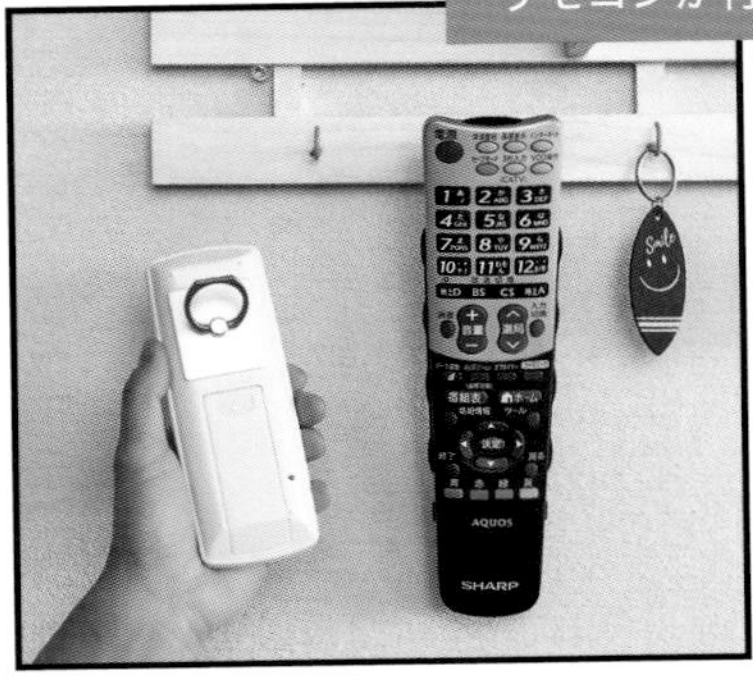

スマホリングをつけて壁にひっかけて

家族みんなが頻繁に使うリモコンは、気づくと行方不明になっていることも。そこで、**我が家では、リモコンの裏に100円ショップのスマホ用フィンガーリングを取りつけ、家にもともとある飾り棚のフックにひっかけてみました。**机の上などに置いておくよりスッキリするし、誰が見てもわかる場所なので、これならなくしません！　市販のフックを壁に貼れば、どこにでもつけることができますよ。(麻帆)

モノを取るとき、フックが落下するのがプチストレス

ストッパーつきフックでストレスから解放！

「S字フックにモノをかけていると、取り出すときにフックごと外れて床に落ちてしまう」というお悩みを、本当によく耳にします。おすすめはストッパーつきフック。ストッパーのおかげで勢いよくモノを取っても一緒に外れません。中でも**Seriaで販売されている「S字フックストッパー付 ひねりタイプ」は、90度ひねったような構造なので、バッグをスッキリ収納できて快適です。**（幸子）

しゃもじの置き場にいつも困ってしまう

ブックエンド＋シェーバーホルダーが優秀

しゃもじの置き場、悩みませんか？　炊飯器の上に置くのも邪魔だし、直置きは衛生的に心配。そんなとき活躍してくれるのが、我が家でおなじみのブックエンドです。**ブックエンドに100円ショップのマグネットシェーバーホルダーをつければ、簡単にしゃもじ置き場の完成。**炊飯器を手放したので今はやっていないのですが、しゃもじの置き場に悩んでいる方は、ぜひ取り入れてみてください。（幸子）

食品ロスを減らしたい！

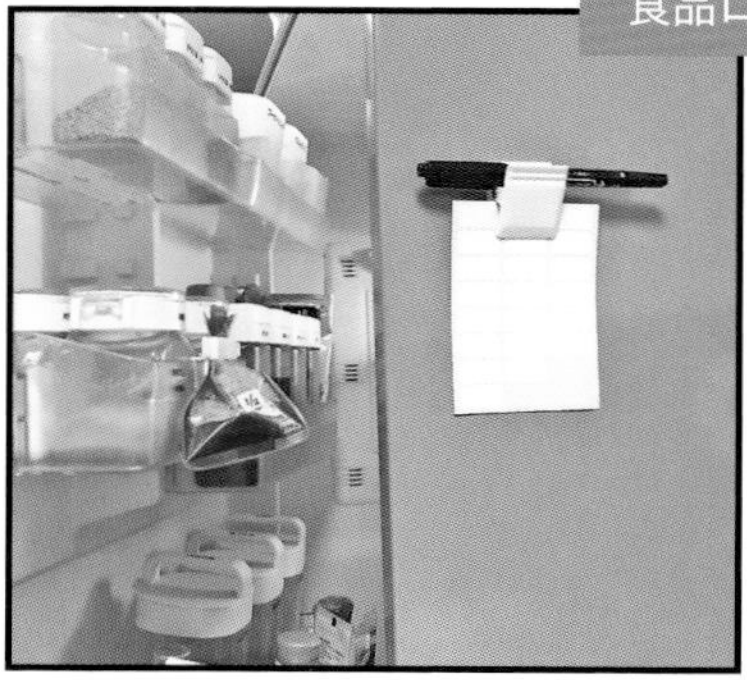

食材管理にはがせるシールが大活躍

食品ロスの主な原因は、賞味期限に気づかず放置してしまうことなので、賞味期限がすぐわかる工夫をしましょう。例えば、**マグネットクリップにはがせるラベルシールを挟み、サインペンを一緒に置いて冷蔵庫に貼っておきます。**食材を買ったらラベルシールに賞味期限を書いて貼るようにすると、賞味期限が切れる前に気づいて使い切ることができるので、食品ロスを減らせます。（麻帆）

毛抜きや眉バサミがすぐ行方不明に

超強力マグネットを使えばなくしません

ブックエンドと超強力マグネットを組み合わせれば、「毛抜きや爪切りが見つからない」という捜し物の時間を減らすことができます。つくり方も簡単！　超強力マグネットをつけたブックエンドを用意し、これに毛抜きや爪切りをつけるだけです。金属製のモノなら、たいていそのままマグネットにくっつきます。つかない場合はボンドなどで超強力マグネットをつければOKです。（麻帆）

付箋が引き出しの中で散らばりがち

カードケースがシンデレラフィット

付箋などの小さな文具は、収納場所を決めておかないと、たくさん持っていたはずなのに、使いたいときに見つからないなんてことになりがちです。そこで私は、100円ショップの半透明のカードケースに付箋を収納しています。サイズがピッタリな上、何色がどのくらい入っているかもわかるので、欲しい色がすぐに取り出せます。消しゴムもケースに入れれば消しカスが散らばりません。（幸子）

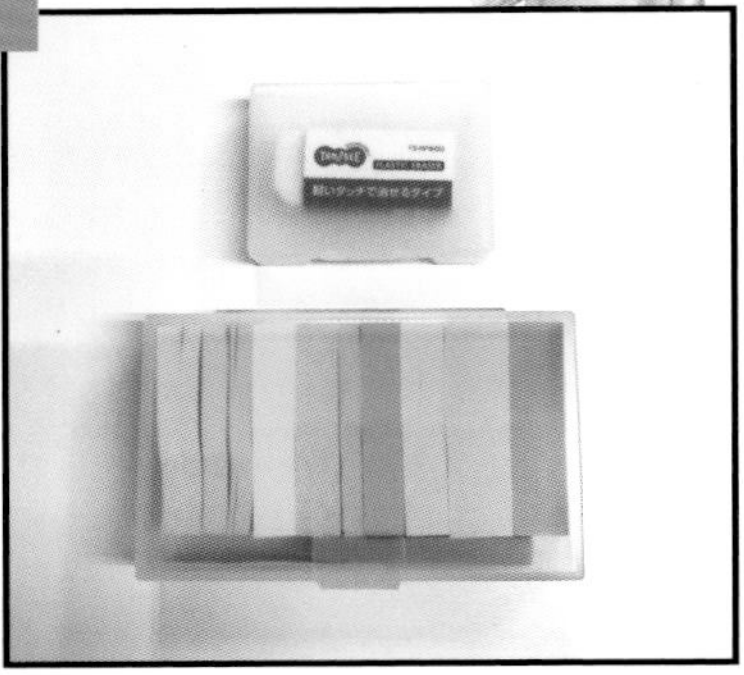

どんな衣装ケースを買えばいいかわからない！

失敗しにくいのは高さ24㎝！

サイズ展開が豊富すぎて、逆に何を買えばいいか悩む衣装ケース。**我が家で一番多いのは、高さが24㎝のモノです。私の経験上たたんだ洋服を入れるには、この高さがベスト。**30㎝だと高さがありすぎてケースの上部にムダなスペースができてしまいがちです。18㎝は子どもにピッタリな高さですが、当然子どもは成長するので、長く使うことを考えると最初から24㎝タイプを買っておくのがおすすめです。（幸子）

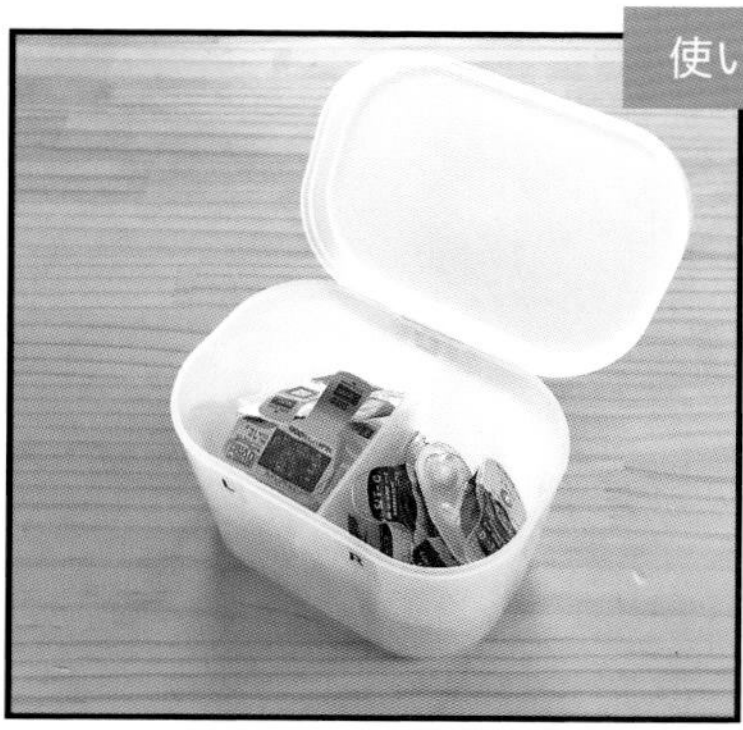

使い捨てコンタクトをさっと取り出したい

持ち運びもできる仕切りつきボックスが便利

コンタクトレンズは、買ったときの箱のまま使っている人も多いと思いますが、毎日箱から取り出すのは意外と面倒だったりします。**中に仕切りがあるケースなら、左右のコンタクトを分けて収納できて便利**です。「買ったらすぐに切り分けてケースの中に入れておく」。このひと手間が、朝の身支度をラクにしてくれます。（幸子）

レシートや領収書がすぐ溜まってしまう

クリアホルダーを使って月ごとに管理

帰宅後、まず財布からレシートを抜くのが私の長年の習慣です。家計簿をつけていないのでレシートは処分しますが、**領収書は月ごとにクリアホルダーを用意し、まとめてＡ４のバインダースタンドに入れて管理**。レシートをこの方法で管理するのもおすすめです。溜まってから整理しようとすると面倒に感じてしまいますが、月ごとに分けられていれば、すぐに家計簿がつけられますよ。（幸子）

文房具をスッキリ収納したい！

カテゴリーごとに分け１ヶ所にまとめます

文房具などの小物は、すぐ散らかって家が片づかない原因に。我が家では、取り出しやすく戻しやすいよう、**「書く＝ペン類」「消す＝消しゴム、修正テープ」「切る＝ハサミ、カッター」「貼る＝のり」「留める＝クリップ」のカテゴリーに分類し、６分割の仕切りつきケースに**入れています。しまっている場所がバラバラだと、どこに何があるかわかりにくいので、同じ場所に入れておくとよいですよ。（麻帆）

コード類がバッグの中でごちゃごちゃに！

おすすめなのは
レザー調クラフトケーブルホルダー

スマホの充電コードやイヤホンなどを持ち運ぶとき、縛ってまとめるとコードが傷むし、そのままではからまってしまうことも。私は**Seriaの「レザー調クラフトケーブルホルダー」を愛用**。3色入っていて110円とお買い得。ボタンで簡単に留められて、シンプルでおしゃれな見た目もお気に入りです。普段はスマホの充電器などと一緒に、メッシュのファスナーつきケースに入れています。（幸子）

パソコンケーブルが、家族のモノとまぎれてしまう

マスキングテープを貼って
色分けすれば一目瞭然

コロナ禍でリモートワークになったりオンライン授業になったりと、LANケーブルやパソコン周辺機器が増えた家庭も多いと思います。家族で同じモノを使っていると誰のモノかわからなくなってしまうので、**我が家ではそれぞれ好きな色のマスキングテープを貼って色分け**をしています。出かけた先でも自分のモノだとすぐわかり、人のモノにまぎれる心配がなくなりました。（幸子）

ケーブル類を使いやすく収納したい

ウォールポケットが便利！

頻繁に使うケーブル類は、「あれ、どこに行ったっけ？」となりがちなので、私はクリアタイプのウォールポケットに入れて壁にかけて収納しています。ひとつひとつ分けることで、何があるかがひと目でわかり便利です。**マスキングテープで色分け＋壁にかけて収納しておけば、家族で同じモノを使っていても、自分のモノが見分けられる**ので安心です。（幸子）

ミニカーが子ども部屋で散乱！

フタつきケースなら重ねて収納OK

数が多く収納に困るミニカーは、重ねられるケースに入れておくと省スペースに。私がおすすめしているのは、Seriaの「フタ付きケースロング」。ミニカーが1箱に3×3で9個入り、重ねられるのでスッキリ片づきます。ケースに入れるだけなので、子ども自身に片づけてもらうこともできますよ。プラレールの場合は、A4ワイドサイズの書類ケースが、大きさも厚みもピッタリ収まります。（麻帆）

子どもの身長を記録したいけど、家を汚したくない！

白いマスキングテープを貼って記録すると汚れません

昔は、成長の記録として家の柱に子どもの身長を刻む光景をよく目にしました。しかし、柱に傷をつけるのは勇気がいるし、そもそも賃貸でできない場合も多いと思います。そこでおすすめなのがマスキングテープ。我が家では**幅30㎜ほどの白いマスキングテープに、身長の線を描いて記録**を残しています。マスキングテープは貼り替えができ、人数に合わせて簡単に増やすこともできて便利ですよ。（幸子）

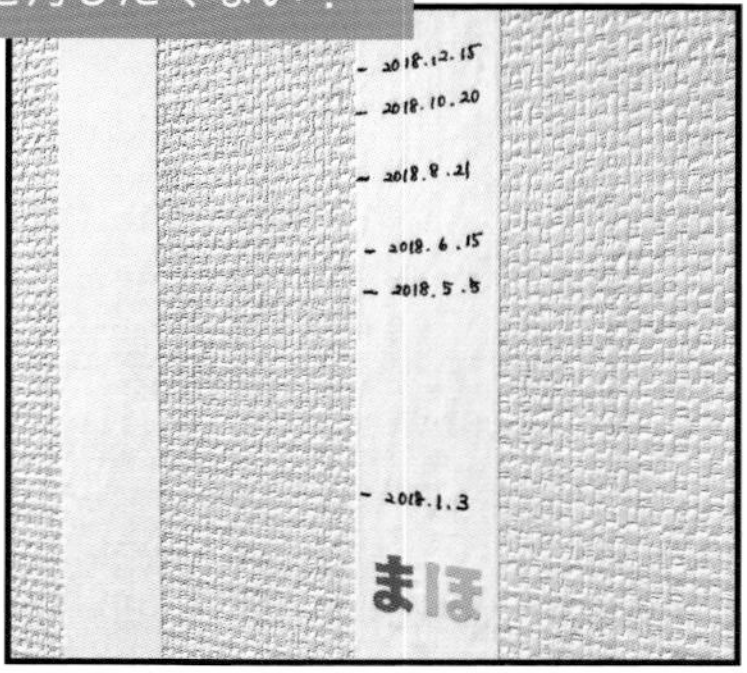

パズルのピースをなくしてしまいがち

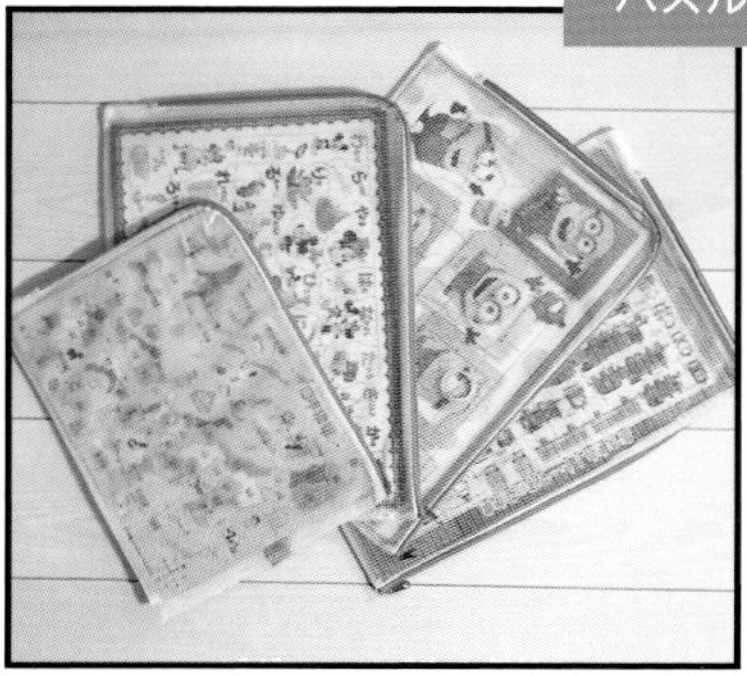

子どもも使いやすいビニールネットケースが◎

子どものおもちゃ収納の悩みで多いのが、ジグソーパズル。気づくとピースがなくなってしまっていることも多いですよね。この収納でおすすめなのが、DAISOの「ビニールネットケースL型ファスナー」。**ファスナーがついているので小さなピースをなくす心配もなく、口が大きく開くのでしまいやすく取り出しやすい！**　一般的なパズルならB4サイズ、小さいものはA4サイズが便利です。（麻帆）

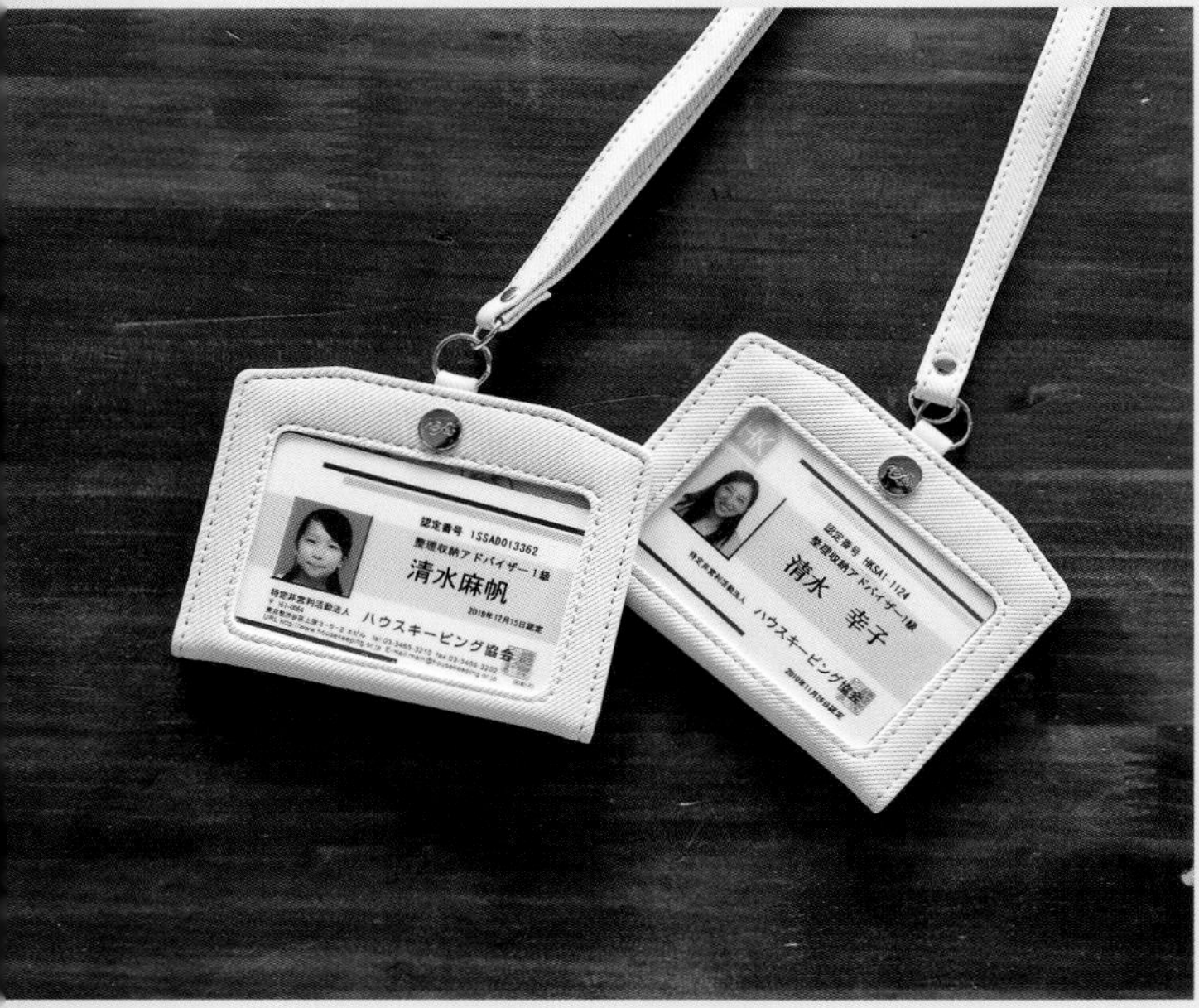

Cross Talk

史上最年少で整理収納アドバイザーになりました

最初はほんの好奇心から母のすすめで資格を取ることに

麻帆　お母さんと同じ整理収納アドバイザー1級に受かったのは小学6年生の頃。2級は小学4年生で取っていたのですが、その後の1級は2回落ちていたから、合格したときは本当にうれしかったです。

幸子　私は麻帆が3年生のときくらいには、「受けさせたいな」となんとなく思っていました。その頃には私がつくった整理収納のしくみを理解していて、片づけもできていたので「麻帆ならいけるかも……」と思いはじめて。

麻帆　2級は「受けてみれば?」と母に言われて、正直軽い気持ちで挑戦しただけなんです。そのあと「2級が受かったんだったら1級も」と思って1級の勉強をはじめたのですが、それが甘くなかった!

幸子　1級は覚えることがたくさんあるし、大人でも大変だから難しいのは当然。でもまさか「問題の言葉の意味がわからない」なんてことでつまずくとは思いませんでした。

麻帆　問題文に出てくる言葉の意味がわからないから、当然答えもわからないんです。例えば、「以下から適当なものを選びなさい」という問題があって、「適当=雑で手を抜いている、いい加減」だと思っていたから「どういうこと?」とか。読めない漢字もたくさんあって、そうした大人だったらぶつからない壁みたいなことが本当に大変で……。

幸子　まだ小学生で人生経験が少なかったから、「ひっかけ問題」があるということも知らなくて、ことごとく「ひっかけ」にひっかかってたよね。

麻帆　2回落ちたときは正直くじけそうになったけど、「くやしい」って気持ちがバネとなって頑張れたというのもあると思います。

幸子　1級は筆記試験の他にプレゼンの試験もあるのですが、それも娘にとってははじめての経験で苦戦していました。

麻帆　プレゼンなんてやったことがないからドキドキで……。話すための内容を考えるだけでなく、話し方の練習を何度もすることで、なんとか乗り切りました。

週末のカフェ学習で勉強をサポート

麻帆　今は中学生になって定期テストがあるので、ゴールに向かって勉強することができるようになったけど、小学生のときはそうした勉強のリズムがつかめなくて、どうやって勉強したらいいのかもわかりませんでした。

幸子　親から見ると、昼間は学校があるし、夜も遅くまで起きているわけにはいかないから、勉強時間が確保できないというのが一番心配でした。なんといっても、知らない言葉を理解するところからのスタート。時間が欲しいけどなかなか十分な学習時間を確保させてあげられなくて。

麻帆　覚えなきゃいけないところに蛍光ペンでラインを引いたり、書いたり、ひたすら読んだり、専用アプリを使ったり。お母さんと相談して「この日までにここは覚えたほうがいい」と決めて、教えてもらいながら、少しずつペースをつかんでいった感じです。

幸子　週末は一緒にカフェに行って勉強したりもしました。私は仕事、麻帆は勉強。集中して勉強できる場所と時間をつくってあげるのが一番の応援かなと思っていました。

子どもだからこそ共感を得られることもある

麻帆　1級を取ってよかったのは、自分で同級生や子どもに整理収納を教えられるようになったこと！　同級生からも認められて「プロ＝麻帆」が言うことだから確かなんだろう、麻帆ができるんだから自分にもできるだろう、って思ってもらえているのがうれしいです。お客様が子どもの場合、子ども同士で共感できるので、楽しく会話しながら片づけることができます。

幸子　麻帆が整理収納アドバイザーになって、大人と子どもでは目線が違うから、すごく刺激をもらっています。家の中もさらに整理が進んだし、背中を押してくれる人ができたことはとっても心強い！

麻帆　仕事の現場はもちろん、テレビに出させていただいたり、本当に貴重な経験をさせてもらっています。礼儀やマナー、話し方など子どもアドバイザーになっていなかったら身につかなかった。学校のスピーチも緊張せず堂々とできるようになったし、勉強にも結びついている気がします！

片づけ上手な子どもを育てる
何でもQ&A

娘が整理収納アドバイザーになったことで、「片づけ上手に育てるにはどうしたらいいですか？」という質問をよくいただくようになりました。そんな方に向けて、娘が片づけ上手になった理由を、娘とともに振り返っていきたいと思います。（幸子）

Q1

いつから片づけを教えればよいですか？

片づけは4歳からスタートさせましょう

Answer

まずはおもちゃ専用の棚をつくり、遊びたいときは、子ども自身がそこから取り出し、親が戻す、2歳くらいからは一緒に戻す、というように片づけのしくみを日々の遊びの中で教えていきます。整理を教えるのは4歳くらいから。2つの箱を用意して「いるモノ」と「いらないモノ」を自分で考えて選ばせます。大人の目線とは違い、高級なモノに限って「いらない」だったりしてあわてますが、子どもなりに判断しているので、親は見守ることに徹し、本人の意思を尊重してあげましょう。

子どもの片づけ年表

0～1歳
オープンな収納で
すぐ取り出せるように

2～3歳
ラベル収納で片づける
しくみを親がつくる

4～6歳
「選ぶ」ことから
片づけ教育スタート！

7～9歳
親と一緒に片づける
しくみをつくる

10歳～
自分で収納のしくみを
考えられるように

Q2

片づけが嫌いな子どもを片づけ好きにするにはどうしたら？

片づけなさいと言わないで！

Answer

「片づけなさい」は怒られているイメージの言葉。片づけが嫌いになっちゃうので、絶対に言わないようにしてほしいです。それより、「一緒に片づけよう」と言われたほうがやる気が出ます。整理収納を一緒にやって「掃除がしやすいように床にモノを置かないほうがいいね」など、家族みんなが心地よいと感じる収納法を、話し合いながらすり合わせていくとよいと思います。

Q3

定位置通りにモノを戻せるようになるには？

子ども自身が答えを持っています

Answer

例えばランドセルを置く棚がリビングにあるのにそこには戻さず、玄関に置いてしまう。そんなときは必ず、「リビングまで持ち運ぶのが大変」などの理由があるはず。そんなふうに、どこに何を置いたらいいか？　は、子ども自身が答えを持っています。大人は正しい収納法を知っている分、考えが凝り固まってしまいがちなので、子どもの素直な声に耳を傾けてみましょう。

Q4

増えていくおもちゃは、どうすればいい？

おもちゃの衣替えをしてみましょう

Answer

たくさんあるおもちゃを、全部すぐに遊べるようにしておかなくちゃ、と思うのは親だけ。子どもは意外とそう思っていないかもしれません。半分は見えないところにしまっておき、もう半分はすぐ遊べるようにしておいて、衣替えのように入れ替えるのも手。その際、子どもが「もう遊ばない」と判断したモノは手放すなどして、整理しましょう。

Q5

子どもの成長に合わせた収納方法はありますか？

3年周期で見直しましょう

Answer

子どもは成長するに従って片づけの仕方やレベルも変わります。3歳くらいまではラベルを色やイラストに、4歳くらいから、ひらがなのラベルにして1アクションまでで片づけられるしくみにしてみましょう。小学校低学年は親子で一緒にしくみを考え、高学年になったら整理から片づけまで自分で。このように子どもの場合は3年周期で見直しをするのがおすすめです。

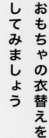

Q6

片づけ上手な子どもに育てるコツは？

まずは親がお手本に

Answer

私の場合、母に整理収納の知識があったから、教えてもらえました。もし母が片づけが苦手だったら絶対片づけが得意になれていないし、整理収納アドバイザーにもなっていなかったと思います。まず親が整理収納について理解し、実践できるようになること。親が楽しそうに片づけをしているのを見ることが、片づけ好きに育てる一番の秘訣だと思います。

Q7

小さな頃から片づけを教えるメリットは？

判断力や応用力、対応力も身につきます

Answer

「いるか、いらないか」にはじまる子どもの片づけは、考える力が養われると思います。本当に必要なモノだけを残すと、以前は持っていた「○○がない」と思うこともしばしば。しかし、そんなときも違うモノで応用ができたり、あわてずに対応できたりするようになります。モノの整理をするだけでなく、頭の中を整理して考えられるようになっているのだと思います。

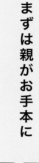

おわりに

出産を機にそれまで勤めていた銀行を退社し、整理収納アドバイザーの資格を取ったのは２０１０年のこと。それから約10年、多くのお客様の〝片づけやすく心地よい暮らし〟のお手伝いをさせていただいてきました。

さまざまなお宅を訪問して思うのは、「心地よいと感じる空間」はそれぞれのご家庭によってまったく違うということ。

〝理想とする我が家像〟によって、モノの適正量も収納のしくみも変わってきます。本書の収納は、あくまで我が家の暮らしやすさを追求した結果なので、これが唯一の正解ではありません。みなさまもぜひいろいろな収納方法を試して、自分と家族にとってベストな収納法を見つけてください。

整理収納アドバイザー

清水　幸子

整理収納アドバイザーの資格を取ろうと思ったのは、母からのすすめと、母の仕事に対するなんとなくの興味からでした。それが、史上最年少の整理収納アドバイザー1級として取り上げていただくようになり、たくさんの方に「参考になったよ！」と喜んでもらえていることがうれしくて、今はこの仕事にとてもやりがいを感じています。

特に、片づけに悩んでいる同世代の子に喜んでもらえるのが一番うれしいです。これからも、〝100円ショップのモノを使ったお金をかけずにできる楽しい収納アイデア〟で、片づけが苦手な人のお手伝いをしていきたいと思います。

整理収納アドバイザー
清水　麻帆

PROFILE

著　**清水幸子**（しみず　さちこ）

１９７９年生まれ。神奈川県出身。整理収納アドバイザー１級、ファイリングデザイナー１級。ＫＥＹＵＣＡスペシャルアンバサダー。史上最年少整理収納アドバイザーである清水麻帆の母。元銀行員の経験を活かした住まいとオフィスの整理収納を提案。神奈川県逗子市のマンションで、家族３人で暮らす。

著　**清水麻帆**（しみず　まほ）

２００７年生まれ。神奈川県出身。小学６年生の時に、整理収納アドバイザー１級の資格を史上最年少で取得。以降、プロの整理収納アドバイザーとしてＴＶほか多方面で活躍。同じ整理収納アドバイザーである清水幸子の娘であり、「子どもの目線でわかりやすい」整理収納の実践を日々心掛けている。

STAFF

撮影　奥村　暢欣
イラスト　killdisco
デザイン　根本　綾子(Karon)
校正　合同会社　こはん商会
編集協力　上野　真依
執筆協力　田口　香代
撮影協力　清水　洋平
日下部　雅人、佳子、勇貴、洸貴

SHOP問い合わせ先

イケア・ジャパン カスタマーサポートセンター　0570-01-3900
ケユカ 新宿マルイ店　03-5315-0671
Seria　URL：https://www.seria-group.com
DAISO　URL：https://www.daiso-sangyo.co.jp/
平安伸銅工業　URL：https://www.heianshindo.co.jp
無印良品 銀座　03-3538-1311

※本書で紹介している商品は、全て税込み価格になります。
※掲載商品は取材時点のものであり、現在お取り扱いしていない場合があります。
※店舗によって品揃えが異なり、在庫がない場合があります。

片づけを楽しむ、好きになる。

2021年4月27日　第１刷発行

発行人　中村 公則
編集人　滝口 勝弘
企画編集　石尾 圭一郎
発行所　株式会社学研プラス　〒141-8415　東京都品川区西五反田２－１１－８
印刷所　大日本印刷株式会社
DTP　株式会社グレン

〈この本に関する各種お問い合わせ先〉
・本の内容については、下記サイトのお問い合わせフォームよりお願いします。
https://gakken-plus.co.jp/contact/
・在庫については　Tel 03-6431-1250(販売部直通)
・不良品(落丁、乱丁)については　Tel 0570-000577
学研業務センター　〒354-0045 埼玉県入間郡三芳町上富279-1
・上記以外のお問い合わせは　Tel 0570-056-710(学研グループ総合案内)